io
e il mio
cane

Raymond Barthel
con la collaborazione di Laurent Pascuito

Educazione dolce del cane

De Vecchi

Dedico questo libro ai miei figli Deborah e Gaetan.
E anche ai miei cani: Roy, Bart, Molly, Filou, Uvé, Reseda, Nathan, Oscar e Thaly.
E anche a tutti gli altri cani che non posso citare.

Ringrazio Ludovic Bellet.

A Tipper, senza la quale il libro non sarebbe mai stato scritto.
Raymond Barthel

Titolo originale: *Bien éduquer son chien, Douceur et fermeté*
Per la prima edizione Albin Michel, l'opera è stata pubblicata nella collana diretta da Laure Paoli

Traduzione: Anna Fontebuoni

Progetto grafico: Layout Studio
Impaginazione: Laura Casagrande
Redazione: Andrea De Vita

Per informazioni e segnalazioni:
info.devecchi@giunti.it

www.giunti.it

Via Bolognese 165 - 50139 Firenze - Italia
Via Dante 4 - 20121 Milano - Italia
Prima edizione: gennaio 2011

Ristampa	Anno
6 5 4 3 2 1	2015 2014 2013 2012

Sommario

Introduzione

Oggi nessuno ha più tempo da dedicare alle cure particolari richieste dai propri cani. Se ciò è deplorevole quando il cane è adulto, diventa una vera catastrofe quando si tratta di un cucciolo, perché da quei primi mesi che avete dedicato alla sua educazione dipendono il suo comportamento futuro, la sua vita adulta, e di conseguenza anche la vostra.

In una società che va di fretta, dove non si è nemmeno più obbligati a fare il rodaggio delle auto, tutti vorrebbero avere le cose pronte. Un vero sogno, avere un cane già educato sin dalla nascita! E perché non un neonato di tre mesi con la maturità di un adolescente?

Per il momento, ma non si sa mai, tutto questo non esiste, e come educatore ho sempre più clienti che si rivolgono a me perché, non avendo mai ricevuto un'educazione, il loro cane è maleducato! E mi chiedono di riparare i danni. La maggior parte delle volte è possibile, ma ci vuole tempo e viene loro a costare parecchio. Altri proprietari di cani, già più accorti, si trovano un educatore – non ci sono solo io a fare questo bel mestiere – e gli chiedono di provvedere all'educazione del loro animale. Sanno che è necessario farlo, ma non sanno come fare. Chiedono allora a un professionista di aiutarli. Ciò comporta parecchie settimane di lavoro, bisogna che il padrone vada a lezione con il cane, una volta a settimana, abbastanza lontano da casa. Alcuni scelgono la soluzione più onerosa, quella di far venire a casa l'educatore, altri lasciano il cane in pensione per periodi di due o tre settimane.

Qualsiasi sia la soluzione scelta, è per forza costosa. Senza contare che prima di rivolgersi a un educatore, detto comunemente addestratore, bisogna liberarsi di un certo numero di stereotipi. Gli addestratori non godono necessariamente di una buona reputazione, alcuni di loro sono sospettati di trattare brutalmente i cani, di mostrarsi violenti con loro. Sicuramente alcuni padroni cercano a volte, più che un'educazione, un vero e proprio addestramento del cane. Coloro che vogliono trasformarlo in arma potenziale, sottomesso alla loro volontà e capace di concretizzare, all'occorrenza, la propria aggressività, trovano chiusa la porta di casa mia. Non voglio clienti di quel genere. Ma è pur vero che non tutti gli educatori ragionano come me.

D'altra parte, la violenza di certi educatori può spaventare i proprietari che assistono alle sedute di lavoro. Devono sapere che quegli educatori sbagliano. Infatti, per educare un cane bisogna fargli capire cosa si vuole da lui e non domarlo.

Non vi verrebbe mai in mente di dare uno schiaffo a un bambino di due anni perché non sa rispondervi quando gli domandate quanto fa uno più uno. Per un cane è la stessa cosa: dobbiamo insegnargli che

quando si dice "Al piede", ci si aspetta che venga a posizionarsi vicino a noi. Tirarlo bruscamente urlando "Al piede" è un modo di costringerlo con la violenza a fare qualche cosa che non capisce. Non nego che esistano educatori che hanno questi metodi, dico semplicemente che non bisogna prenderli come esempio.

Il metodo che raccomando richiede un minimo di fermezza, cosa che non va a genio a tutti, perché tanti non sanno né arrabbiarsi né misurarsi con il proprio cane, tranne quando perdono il lume della ragione, e cioè nel momento peggiore. Ma, dopo tutto, poco importa come funziona il mio metodo sul campo perché, se leggete bene questo libro, se assimilate i consigli che do, se state attenti a tutto quello che vi spiego sulla psicologia del cane, non avrete mai bisogno di venire da me, ma riuscirete da soli e con uno sforzo minimo a educare il vostro animale. È stato quando ho educato il cane di Laurent Pascuito che ho avuto l'idea di questo libro, per rispondere a tutte le sue domande, che sono quelle che si pone qualsiasi padrone. State per diventare voi stessi educatori, animati, ne sono sicuro, dalla volontà di capire e far capire. Il segreto è tutto qua: è questo che vi permetterà presto di riuscire a parlare al vostro cane in modo abbastanza chiaro da poter avere una risposta da lui!

Il momento della scelta

È la parola d'ordine che ripeto a tutti coloro che mi vengono a chiedere un consiglio: la scelta del cane è, prima di tutto, una questione di buon senso.

Non deve essere, soprattutto, un colpo di testa o un innamoramento. L'acquisto di un cane non è un atto da compiere alla leggera, anzi, il contrario.

È un impegno fra i più gravi, di cui si devono conoscere e pesare tutte le conseguenze. Un cane vi impegna per una quindicina d'anni, durante i quali si intrecciano legami affettivi solidi e reciproci. Avere un cane vuol dire ritrovarsi da un giorno all'altro con tantissime responsabilità, non sempre piacevoli. E se la partenza non è delle migliori, come per la maggior parte dei rapporti, si rischia di continuare male anche in seguito. Un altro punto di importanza cruciale: non dimenticate mai che il cane è prima di tutto un animale, un essere vivente e non un oggetto decorativo.

I criteri fondamentali per scegliere un cane

Esistono cani per tutti, per qualsiasi personalità e per qualsiasi situazione.

A seconda del vostro carattere, del vostro modo di vivere, del vostro temperamento, sarete consigliati a orientare la vostra scelta verso animali di piccola o grossa taglia, casalinghi o che richiedono un'attività regolare, che giocano con i bambini o hanno bisogno di calma e tranquillità...

Le possibilità che si presentano sono davvero molteplici, ma non per questo dovete spaventarvi o allontanarvi dal vostro obiettivo principale, che è quello di dare piacere a voi stessi. È provandone piacere che renderete felice il cane, il quale di conseguenza non vi darà preoccupazioni, ma, lo ripeto, far piacere a se stessi non vuol dire fare quel che ci pare.

Quando si prende un cucciolo, è importante considerare anche quale sarà il suo aspetto da adulto: questi tre esemplari di rottweiler, in capo a un anno, peseranno 30 kg ciascuno

Una volta in casa, il cane continua a comportarsi come se fosse all'interno del branco: per questo motivo deve aver chiaro chi è il capo

LO SPAZIO NON È L'ELEMENTO PIÙ IMPORTANTE

Questo è il motivo per cui è importante tener conto di alcuni criteri come, per esempio, l'abitazione che presto dividerete col cane.

È evidente che una casa spaziosa o un grande appartamento saranno adatti a un pastore tedesco. Al contrario un monolocale di venticinque metri quadri rischierebbe di essere troppo stretto e opprimente per la massa imponente di un san Bernardo! Cercate di seguire questo criterio, senza farne una regola assoluta. Quando si vive con degli animali, è importante non generalizzare troppo.

Lo spazio e la comodità non sono tutto. Ciò di cui ha bisogno un cane, prima di tutto, è un ottimo rapporto con il padrone.

Conosco un dogue di Bordeaux e un pastore tedesco contentissimi di stare in una casa popolare, con un padrone che concede loro tutte le attenzioni, e altri cani che dispongono di duecento metri quadri di giardino, ma che stanno legati. Mi è anche capitato di lavorare per dei clienti che avevano degli husky, anche a Parigi. Ogni fine settimana portavano il cane in campagna per fargli trainare qualcosa, e renderlo così felice.

È IL CANE CHE DEVE ADATTARSI ALLA VITA DEL PADRONE

La superficie che si mette a loro disposizione non è tanto importante quanto il tempo che si può dedicare loro.

Un'altra cosa che bisogna sapere è che ogni cane riesce ad adattarsi, sia in città sia in campagna. Tutto dipende dall'ambiente che circonda l'animale. Non serve a niente rinunciare a una razza o a un'altra in città perché qualcuno vi ha detto che quella che vorreste avere è fatta per vivere in campagna o in montagna.

Non esistono cani di città e cani di campagna.

Occupatevi del vostro cane meglio che potete, fate in modo che stia bene psicologicamente e poi, tocca a lui! È il cane che deve adattare la sua vita a quella del padrone, e non viceversa.

Ma prima di applicare questo sano principio, ricordatevi che, qualunque sia il tipo di cane su cui cadrà la vostra scelta, si adatterà solo se il padrone ha fatto fronte prima ai suoi obblighi. Quello che piace di più al cane è soprattutto passare il tempo con il padrone.

Chi riesce a dedicare al proprio animale il tempo per una passeggiata al mattino, una a mezzogiorno e una alla sera, non avrà mai problemi.

Se non si possiede uno spazio aperto, ci si arrangerà per trovare un angolo di verde dove il cane possa fare i suoi bisogni e scaricare le proprie energie.

Se invece non state molto a casa, riconsiderate la decisione di prendere un cane. Mi chiedo regolarmente perché certe persone ne possiedono uno, vedendo che se ne occupa la donna di servizio...

L'importanza della scelta della razza

Anche se a ogni razza corrispondono caratteristiche proprie, sappiate che il cane si adatta a qualsiasi modo di vita e a qualsiasi tipo di ambiente sociale.

Tutto dipende dall'educazione che riceve. Ecco perché vi consiglio di non prestare attenzione alle idee preconcette: per esempio, un certo tipo di cane,

Siate tempestivi nei rimproveri

Le prime passeggiate saranno un esercizio molto utile di socializzazione

noto per essere nervoso, non converrebbe a una coppia con un bambino piccolo.

Eppure che la famiglia sia composta da una sola persona come da cinque, non è assolutamente un problema.

Il pit bull, che si raccomanda di non affidare a chiunque, fa spesso la felicità dei pensionati. Il pit bull non è un cane più cattivo di altri. È tutta questione di posizione all'interno del branco (noi lo chiamiamo nucleo familiare), di gerarchia da instaurare, di educazione. Il cane deve capire qual è il suo posto all'interno della nuova casa.

Il caso del rottweiler è molto eloquente. Si sa che è un cane molto legato al padrone e che, se questo non riesce a dominarlo, rischia di causare degli incidenti. Molti di essi sono avvenuti perché il cane aveva voluto difendere il padrone, anche se non vi era un effettivo pericolo, semplicemente perché aveva creduto che fosse minacciato. Ciò dimostra, da parte del padrone, non solo di conoscere male il proprio animale e le sue reazioni, ma anche di non saperlo dominare.

Il pastore belga ha una capacità di apprendere molto superiore a quella del golden retriever. È molto vivace, giocherellone, e impara con facilità. Il bovaro è anch'esso un cane molto legato al padrone e a tutto ciò che lo circonda. Ma bisogna anche sapere che ha forti reazioni affettive. Tenete conto di tutte queste caratteristiche prima di fare una scelta, per non trovarvi, un giorno o l'altro, sopraffatti dalle esigenze del vostro cane.

Il terrier è un cane di piccola taglia, caratteristica però che non gli impedisce di avere un caratteraccio. Molte persone cadono regolarmente nella trappola della taglia piccola: credono che più un cane è piccolo, più sia "buono" e malleabile. È un grave errore! Ci sono dei barboncini che fanno vivere dei veri e propri incubi ai padroni! Ecco un altro grosso errore che si fa. Il barboncino, nonostante quel che si pensa, è molto esigente, a volte ha un brutto carattere, non è socievole con gli altri cani, non ama i luoghi affollati e nemmeno giocare con i bambini.

Risultato: crea un sacco di problemi al padrone, problemi difficili da risolvere per una persona di una certa età, alla quale consiglierei piuttosto il cavalier king Charles spaniel o il golden retriever, entrambi molto docili e di buon carattere. Ogni razza di cani ha delle caratteristiche che non necessariamente si adattano a tutti i padroni.

L'importante è non cadere nell'idea preconcetta e nell'immagine che ci hanno dato di un

Nonostante si stia giocando, non va bene lasciarsi sottomettere dall'animale

animale, rischiando di rimanere sorpresi dalle conseguenze.

Se volete che il cane faccia tutto quello che desidera il padrone, bisogna sempre rispettarne la natura, ma come si fa a rispettarla se non la si conosce, o, peggio ancora, se ne ha un'idea falsa?

Il modo migliore per avventurarsi nell'incertezza, se non decisamente nell'ignoto, rimane sempre quello di informarsi delle caratteristiche e del comportamento dell'animale che ci interessa presso gli allevatori.

Un'ultima parola sulla questione della scelta e degli "errori di casting" che si possono commettere: non consiglierei mai a una persona che ha troppo poco tempo da dedicare al cane di prendere un labrador, animale che, d'altra parte, va molto di moda.

Posizione non corretta durante un esercizio: perché il cane impari ci si deve rivolgere a lui con autorità

Attenzione alle mode

Resistete alla tentazione delle mode. Quando delle razze di cani cominciano a piacere a tantissima gente, si incontrano spesso commercianti con pochi scrupoli, che sfruttano solo un filone redditizio. In questo racket si trovano individui senza alcun interesse per gli animali e che non hanno niente a che fare con i cani. Prima di acquistare un esemplare di una razza "che va di moda", non dimenticate che dove c'è una domanda sempre maggiore, "professionisti" senza grande moralità fanno di tutto per soddisfarla. Se va di moda una certa auto, se ne fabbricano sempre di più, proprio come quando vanno di moda i labrador o i cavalier king Charles spaniel! Con la differenza essenziale però che un animale non è come un'automobile: a forza di riproduzioni inopportune e troppo ravvicinate, la razza si indebolisce.

Gli si attribuisce facilmente un carattere molto calmo, mansueto, perché lo si conosce soprattutto come cane d'elezione per i ciechi.

Bisogna sapere, tuttavia, che, nonostante la sua apparente calma, è prima di tutto un cane da caccia, che ha bisogno di molta attività fisica. È anche il cane che distrugge di più. Molto nervoso, non esita a mettere tutto a soqquadro quando si sente trascurato. Ma come, potreste obiettare, proprio il labrador viene utilizzato, e con successo, come cane guida dei ciechi! È vero, ma quello che non sapete è che, da una ventina di generazioni, è stata operata una selezione molto rigorosa su un certo numero di labrador: ogni cucciolo viene selezionato con cura sin dalla nascita per determinare se ha le necessarie attitudini. Poi viene educato in base a quello che gli si chiederà in seguito.

Attenzione alle idee preconcette

Quanto è stato esposto nelle pagine precedenti serve a stabilire che non si può fare un confronto fra un labrador qualunque e un labrador che fa da cane guida a un cieco.
Ancora una volta, è l'immagine che ci si è fatti che ne ha determinato la scelta, e non la conoscenza o la riflessione. Con le conseguenze catastrofiche che ne derivano.
È così che tante persone che si sono fatte conquistare dalla moda del labrador ora si sentono troppo legate e ancora si mordono le mani (se mi consentite l'espressione): si ritrovano sopraffatti, incapaci di dominare un animale la cui volontà sfugge loro e che fa tutto quello che gli pare.
Che succede, allora? Nel migliore dei casi cercano di far educare il cane, un po' in ritardo, e subiscono comunque la sua presenza, più che trarne piacere. Vivono nell'angoscia della prossima sciocchezza, della prossima sregolatezza. Nel peggiore dei casi, finiscono per sbarazzarsene dandolo, liberati

Nei primi due mesi la presenza della madre è fondamentale: questa mamma husky non perde mai di vista i suoi cuccioli

La buona educazione diventa indispensabile per determinate razze considerate pericolose

dal peso, a privati o all'Ente per la Protezione degli Animali, dopo due o tre mesi di vita infernale. È stato il proprietario a commettere l'errore, ma è il cane che ci va di mezzo!

Esistono razze più sensibili alle malattie o ad altri handicap?

No, assolutamente. Certo, lo shar pei è noto per essere facilmente soggetto a problemi alla pelle e i cani di taglia grande soffrono più di altri di displasia (un'anomalia dello sviluppo che si manifesta con delle malformazioni), ma, come al solito, non si può generalizzare. Non mi piace l'atteggiamento mentale di certa gente che bolla certe razze come più fragili o più robuste.

Ogni cane, a seconda della morfologia, ha certe tendenze caratteristiche.

A questo livello, tutto dipende dal suo patrimonio genetico.

Noi possiamo solo verificare se l'animale è sano o no.

Come procurarsi un cane

L'allevatore

L'allevatore è una persona appassionata del proprio lavoro: la razza che alleva non ha segreti per lui. Comprare un cane da un allevatore significa tutelarsi con un marchio di qualità che fornisce tutte le garanzie, infatti egli si occupa di due, al massimo tre, razze alle quali dedica la maggior parte delle sue cure e delle sue energie.

Dal momento del parto, il buon allevatore assicura l'attenzione e la presenza indispensabili alla salute psichica del cucciolo, verso il quale dimostra un interesse reale. Grazie a lui il cucciolo sarà inserito nel contesto sociale sin dai suoi primi giorni e potrà avere uno sviluppo e una socialità equilibrati. Al contrario, ho dei dubbi sulla competenza dei cosiddetti allevatori che lavorano con una

Comprare il cane da un allevatore significa qualità assicurata

ventina di razze diverse e fanno riprodurre le femmine ogni sei mesi. Non sono altro che mercanti di cani, attratti dal denaro, che si prostituiscono senza rispetto per gli animali. Il buon allevatore, invece, fa di tutto per migliorare la razza, porta i cani ai concorsi, sceglie egli stesso lo stallone adatto per la femmina. Quando un cane proviene da un "allevatore" che produce venti o trenta razze, dubito sinceramente che abbia un buon equilibrio psicofisico.

Il privato

Anche procurarsi un cucciolo da un privato può essere una buona cosa, perché l'animale ha già conosciuto la vita familiare, il che è essenziale per il suo benessere.

Vedremo in seguito, tornando ancora più diffusamente sull'argomento, che nella vita del cane i primi tre mesi sono decisivi e plasmeranno il suo futuro carattere.

Per il fatto di essere stato all'interno di una famiglia, immerso in un clima di sicurezza, avere ottenuto attenzioni e carezze, l'animale sarà già socializzato e più equilibrato di un altro preso in un rifugio o in un negozio di animali.

L'ENPA, Ente nazionale protezione animali, e i rifugi

Bisogna sapere che l'ENPA dispone di moltissimi cani sfortunati, vittime a volte di inesperienza, indifferenza o mancanza di responsabilità da parte di alcuni esseri umani. Così correte il rischio di imbattervi in cani con problemi, traumatizzati dal loro passato, animali di cui il padrone si è liberato pochi mesi dopo l'acquisto, per poi acquistarne un altro e ripetere questa operazione magari quattro, cinque volte di seguito.

Una cosa a dir poco disgustosa. Non dimenticate mai che qualunque cane, di qualsiasi razza ed età, può essere rieducato: è necessario però dargliene l'opportunità, avere molta pazienza e voglia! Solo in base a quello che farete o non farete voi, il vostro cane avrà uno sviluppo armonico o no.

I NEGOZI DI ANIMALI

I cani tenuti nei negozi di animali non sono affatto messi meglio di quelli che si trovano all'ENPA, perché moltissimi di loro, oltre a essere maltrattati e lasciati nel più totale abbandono, spesso provengono da reti equivoche, da traffici odiosi che trasformano l'animale in un oggetto senza alcun valore. I venditori inesperti, che parlano a vanvera, sanno sfruttare le debolezze dei novellini in materia canina. Chi non ha mai sentito spezzarsi il cuore davanti a un cucciolo al di là di una vetrina? E quanti di voi hanno finito per cedere e tornare a casa con il cucciolo in braccio?

L'ho già detto e ci tornerò più diffusamente nel prossimo capitolo: i primi tre mesi della vita del cucciolo sono cruciali, perché ne determinano il futuro. Ma se, durante questi primi tre mesi, il cucciolo ha vissuto rinchiuso in una gabbia insalubre, è facile che abbia contratto il cimurro o malattia di Carré (un'infezione virale che spesso si rivela mortale e contro la quale i cani devono essere vaccinati all'età di circa tre mesi). Pensateci!

Per finire, occorre riflettere sul fatto che spesso i prezzi dei negozi di animali sono superiori a quelli degli allevatori, mentre dovrebbe essere il contrario!

Non sempre i cuccioli acquistati nei negozi crescendo diventano splendidi esemplari come questo pastore tedesco

I documenti indispensabili

La dichiarazione di nascita da parte di un privato non è indispensabile. Invece, assicuratevi che sia in regola il libretto di vaccinazione. Cercate di informarvi sul luogo di origine del cane.

Se proviene da una zona dichiarata a rischio, esigete il certificato antirabbia: è obbligatorio al di sotto dei tre mesi.

In caso di iscrizione al LOI (Libro Origini Italiano), vi sarà dato un foglio, il Certificato di Origine o pedigree, che permette di conoscere la genealogia del cane e che è l'unico documento riconosciuto ufficialmente dall'ENCI (Ente Nazionale della Cinofilia Italiana). All'acquisto vi sarà dato anche un certificato di vendita.

Non sempre l'aspetto fisico del cane corrisponde al suo carattere. È buona norma, quindi, informarsi prima sulle caratteristiche della razza che andremo a comprare

Chiedete il certificato di vaccinazione contro la rabbia

La scelta di un cane in una cucciolata

Supponiamo che, di otto cuccioli, quattro o cinque vengano verso di voi, che uno rimanga in disparte e un altro vada a nascondersi.

Quello che rimane in disparte non si fida, analizza la situa-

Nella scelta di un cucciolo non affidatevi solo al gusto estetico

zione, cerca di capire che cosa sta succedendo, aspetta una cosa sola: essere messo a suo agio. Dovete tenerne conto.

Quello che si nasconde non si trova proprio a suo agio con la gente. Bisognerà pensarci, se si ha una vita ricca di rapporti sociali: un cane del genere rischia di rimanere relativamente pauroso e di sopportare male il contatto regolare con degli estranei. In futuro dovrete quindi fare attenzione a non esagerare nel proteggerlo e soprattutto portarlo molto a passeggio per fargli scoprire più cose possibili e familiarizzarsi col suo ambiente. Il cane che viene spontaneamente verso di voi e vi fa le feste ha probabilmente un carattere energico ed è più difficile da educare di un altro. Osservate bene come si comporta verso altre persone: se fa come ha fatto con voi sin dal primo giorno, significa che sarà sempre così, con chiunque. È chiaro che è nella sua natura essere più socievole di altri cani, di mostrare pochissima diffidenza.

Può essere un atteggiamento simpatico, ma anch'esso crea dei problemi: un estraneo lo potrebbe facilmente portare via con sé, solo parlandogli con gentilezza. E soprattutto non contate su di lui se volete qualcuno che vi sorvegli la casa. Non sarà mai un cane da guardia! Può essere una cosa fastidiosa solo se non avete scoperto prima questo lato del suo carattere: il suo comportamento innato vi potrebbe dare, in seguito, una delusione. E se volete forzare la sua natura, commettereste un grave errore. Ci sono poi dei cuccioli più giocherelloni, più dispettosi, penso a quelli che vi mordicchiano i lacci delle scarpe, i pantaloni... Il mio consiglio è di respingerli gentilmente e osservare quello che ringhia, quello che torna alla carica e quello che lascia andare. Il primo possiede sicuramente maggiore personalità e ostinazione del secondo e rischia di richiedere più lavoro al padrone. Un altro particolare importante da conoscere prima di prendere l'animale: bisogna sapere che un cane pauroso può, in certe circostanze, diventare aggressivo e mordere. La paura provoca moltissimi incidenti.

Un test da fare

Alcuni girano il cucciolo sul dorso, per vedere come si comporta. Per quanto mi riguarda, preferisco sollevarlo con le braccia e osservarne la reazione.
Se si lascia andare, ne deduco che ha buoni riflessi e poco o niente ostilità. Se invece si dibatte, vuol dire che è nervoso e che ha anche un certo caratterino.
Il fatto che il cane sia cattivo non ha niente a che vedere con questa prova: alcuni cani cominciano ad abbaiare per paura di essere aggrediti e arrivano persino a mordere temendo di essere bastonati (da un essere umano) o assaliti da un animale.

Non tenere conto dei rapporti di forza fra i cuccioli che giocano

La nostra scelta non deve tener conto dei rapporti di forza all'interno della cucciolata. Nel gioco il più debole può avere la

Questi cuccioli, apparentemente tanto simili tra loro, hanno caratteri profondamente diversi

Giocare strappando tutto è una caratteristica tipica dei cuccioli sani

prevalenza sul più forte e viceversa. Non si può trarre alcuna conclusione. Quando si vedono un cane grosso e uno piccolo e il piccolo prende il sopravvento, non è perché è più forte oppure, contrariamente a quanto credono i padroni, che è un dominante. Un'altra trappola da evitare è pensare al proprio cane come non è. Quel che è certo, invece, è che il più grosso sviluppa di sicuro un carattere più forte degli altri perché, grazie alle sue dimensioni, riesce a essere il più prepotente davanti

Di fronte allo stesso stimolo, i cuccioli reagiscono in modo diverso: questo trascura i giochi per annusare l'erba

alla ciotola, cioè a mangiare prima degli altri quando il padrone porta il cibo.

Come possiamo capire se un cucciolo è ammalato

Capire lo stato di salute di un cucciolo non è affatto difficile. Il cucciolo malato è avvilito, ha un'aria assente. Dà l'impressione di non far più parte del mondo dei vivi. Un cucciolo in buona salute invece si riconosce dalla voglia di giocare, dalla curiosità per il mondo che lo circonda. Se vediamo un cane che sta in fondo alla gabbia o al recinto e rimane disteso, ci sono molte probabilità che il suo stato di salute lasci a desiderare.

Prima della scelta: osservare la madre

È la cosa migliore. Nei negozi di animali, siccome è impossibile vedere la madre, si ignora tutto della storia del cucciolo. Invece da un allevatore o da un privato, il comportamento della madre (aggressiva oppure socievole ed educata) ci dà numerose informazioni sull'animale che desideriamo adottare.

L'età ideale per adottare un cane

L'ideale è la settima settimana. Il cucciolo viene solitamente allattato fino alla quinta settimana. Nel periodo successivo la madre comincia lo svezzamento. Verso la settima o l'ottava settimana, i cuccioli si nutrono di mangime secco. È l'età giusta per separarli dalla madre e inserirli nelle famiglie che li accoglieranno. Sapendo che per un cane i primi tre mesi sono fondamentali, ri-

Per capire il carattere del cucciolo è molto importante osservare il comportamento della madre

mangono cinque settimane per educare il cucciolo in tutta tranquillità.

L'importanza del nome

Il cane se ne infischia altamente del nome!
Al limite, se gli date un nome ridicolo, sarete voi a essere presi in giro quando lo chiamerete. Bisogna che tutti quanti capiscano una cosa su cui ritornerò anche più avanti: i cani non parlano italiano. Se chiamate il vostro cane "Padella" o "Budino", lui non visualizzerà una padella o un budino. Quindi, se vi può far piacere, fate pure! Insisto invece su un punto: non dategli un nome troppo lungo, altrimenti lo rimpiangerete tutte le volte che lo chiamate. È evidente che è più facile dire: "Pim, al piede" che non: "Esmeralda, al piede". Nel secondo caso correte anche il rischio di vederlo sparire prima di aver finito la frase.

Da ricordare

- È il cane che deve adattare la sua vita a quella del padrone e non il contrario.
- Un cane pauroso può, in certe circostanze, diventare aggressivo e mordere. La paura provoca moltissimi incidenti.
- L'età ideale per adottare un cane è la settima settimana.

Si consiglia di adottare il cucciolo dopo la sesta settimana, una volta svezzato

Tutto si decide nei primi tre mesi

Non è una formula che fa bella figura scritta nero su bianco né un consiglio elusivo senza una base solida di verità.
Come educatore lo dico, lo ripeto, insisto su questo punto innumerevoli volte, ma raramente vengo ascoltato.
Di solito, quando gli apprendisti proprietari di cani capiscono che avevo ragione, è già troppo tardi per tornare indietro.
Allora cercano soluzioni d'urgenza e nello specifico pagano dei professionisti per riparare i danni.
Peccato, basterebbe stare attenti ai consigli che dà l'educa-

I cuccioli iniziano ad aprire gli occhi a dieci giorni

Il periodo di condizionamento termina a tre mesi

tore e applicarli con serietà. È per questa ragione che ho scelto di scrivere questo libro: se vi atterrete ai miei consigli e li applicherete scrupolosamente, non avrete bisogno di pagare un professionista.

Il vostro cane sarà educato, sarà piacevole vivere con lui e di conseguenza anche la vostra vita migliorerà.

E soprattutto, non pensate che educare un cane da soli sia un lavoro incessante e faticoso: vi porterà via cento volte meno tempo di quello che vi occorre in dieci, quindici anni per controllare gli errori, le sciocchezze, i danni di tutti i tipi che bisogna aspettarsi da un cane non educato. Per aver voglia di prendersi questo impegno, bisogna aver capito qual è la posta: è il futuro del cucciolo, il suo equilibrio sociale, sia nella cerchia familiare sia con i suoi congeneri, che entra in gioco in questo preciso momento.

Bisogna imporsi sin dal primo momento con autorità e rigore, cosa che non significa essere cattivi, ma far rispettare le regole, insegnare al cane che non può fare qualsiasi cosa.

Primi giorni e periodo di condizionamento

L'importanza dei primi tre mesi si giustifica proprio comprendendo quel che succede nelle prime settimane della vita del cucciolo. Il decimo giorno, il cucciolo comincia ad aprire gli occhi. Il quindicesimo giorno, comincia ad affezionarsi alla mamma (nei primi tempi non è veramente attaccato a lei, ma spinto da semplici riflessi di suzione).

Essa diviene la personalità centrale della vita quotidiana del cucciolo, la spina dorsale. Da allora il cucciolo continuerà a sviluppare il suo comportamento con riferimento alla personalità forte, rassicurante, della madre, su cui può fare assoluto affidamento.

Il periodo cosiddetto di condizionamento, che sopravviene a partire dal ventunesimo giorno e continua fino al novantesimo, cioè fino ai tre mesi, è di importanza fondamentale per il cucciolo.

Tutto quello che vedrà e scoprirà in questo periodo, gli sembrerà appartenere alla propria vita e quindi lo accetterà. L'ignoto, invece, tutto quello che non avrà visto e scoperto in quel periodo, gli creerà in futuro dei problemi.

Ciò spiega perché i cuccioli separati troppo presto dalla madre o quelli che nascono nei campi e che non sono mai entrati in contatto con una presenza umana (caso frequente), pongono grossi problemi.

Non per questo sono meno educabili.

In entrambi i casi non c'è stata l'opera di condizionamento, fatto da cui nascono problemi comportamentali derivanti dalla mancanza di tutto quello di cui il cane aveva bisogno per costruirsi un comportamento equilibrato.

L'importanza della madre

Si comprende tutta l'importanza della madre se si considera l'esempio della quinta settimana, in cui i cuccioli cominciano a ringhiare, mordersi fra loro e anche a lottare per gioco in modo più o meno violento.

Ci si accorge che la presenza materna è determinante perché è lei che interviene per mettere fine alle zuffe quando uno dei piccoli si fa male e piange.

È lei che ristabilisce l'ordine, prendendo il piccolo per la collottola, respingendolo, ignorandolo.

L'intervento della mamma segna l'inizio dell'autorità, cosa che l'uomo deve riprendere e continuare quando adotta il cucciolo. L'animale capisce che ci sono delle regole da rispettare, si rende conto anche che se vivesse in un branco, con altri maschi, interverrebbero altre regole della legge animale. Per esempio, vorrei ricordare il fatto che i cani adulti non esitano a far capire al cucciolo, ringhiando, che la ciotola del pasto tocca prima a loro e lui è l'ultimo a mangiare, una regola che l'essere umano deve assolutamente riprodurre in casa sua.

Concludendo, la madre comincia un'educazione, un lavoro, che deve essere continuato e approfondito dal futuro padrone.

Nel primo stadio della vita del cucciolo, la madre comincia a svezzarlo a partire dalla quinta o sesta settimana. Voi le darete il cambio alla settima o ottava, periodo consigliato per adottare un cagnolino. Se non continuate in modo corretto, rendete vano tutto il suo lavoro.

Ecco perché vi consiglio, sin dal momento del suo arrivo, di dargli uno dei vostri abiti, una T-shirt, un maglione o qualcos'altro impregnato del vostro

L'allattamento serve anche a cementare il rapporto tra madre e cuccioli

odore, in modo da facilitare il passaggio.
A sua volta se ne impregna anche lui e si crea un nuovo punto di riferimento, che è vitale perché ha perso quello della mamma.
Gli si può anche dare un giocattolo. Quello che conta è che si appropri di qualcosa. Poi fategli incontrare quante più persone estranee alla famiglia.

Il cucciolo deve uscire di casa

Pensate da parecchie settimane di invitare una coppia di amici a prendere l'aperitivo da voi? È il momento buono per decidersi! Potete anche uscire e portare il cucciolo dai vostri amici, in modo che non veda sempre la stessa casa, le stesse persone, gli stessi spazi.
Mi direte che il veterinario vi ha consigliato di non portarlo fuori prima della seconda vaccinazione. Il mio consiglio è di impegnarvi, invece, a portarlo a spasso, perché la vaccinazione si effettua proprio nel cuore del periodo più importante dell'educazione del cane e vale la pena non sottovalutarlo.
In compenso, per limitare il rischio di contrarre malattie, perché non è ancora totalmente vaccinato, dovete stare attenti a non portarlo chissà dove, per esempio in posti dove potrebbe venire a contatto con la diarrea di altri cani, che rischierebbe di contaminarlo.
Accertatevi che i luoghi dove vi recate con lui siano sani.
Più cose diverse vedrà il cucciolo fra il secondo e il terzo mese di vita, più godrà di tante esperienze, più sarà forte per affrontare la sua esistenza.

Le esperienze tra secondo e terzo mese

Il cucciolo deve vivere il maggior numero possibile di espe-

La madre inizia lo svezzamento dei cuccioli tra la quinta e la sesta settimana

È bene che il cucciolo socializzi durante le passeggiate

Il cucciolo deve fare il maggior numero possibile di esperienze: accettate sempre di incontrare altri cani, purché non sembrino pericolosi

rienze tra il secondo e il terzo mese di vita. Più cose vedrà, più sarà motivato; si sentirà a suo agio, pieno di fiducia. Se non ha mai visto un motorino, un'automobile o altri congegni meccanici prima dei tre mesi, il vostro cane andrà completamente nel panico quando ne vedrà uno e sappiamo che una crisi di panico si può tradurre in due reazioni: il cucciolo cerca di mettersi in salvo al passaggio dell'"oggetto non identificato", oppure lo aggredisce.

Adottate un comportamento da capobranco

Sta sempre a voi la decisione di quali momenti concedere al gioco, alle coccole, alla passeggiata, ecc.

Se vi mostrate troppo permissivi, se coccolate un cucciolo e gli lasciate fare tutto quel che vuole dicendo che è un po' come un bambino e che le cattive abitudini gli passeranno, senza correggere certi difetti di comportamento, il cane li farà comunque suoi a vostro rischio e pericolo!

Per farla breve, dovete considerare che a partire dal momento in cui il nuovo cane entra a casa vostra, siete voi che deci-

Bisogna rivolgersi al cane con autorità... ma non con atteggiamenti minacciosi

derete tutto per lui, dominerete la sua vita e, soprattutto, non dovrà verificarsi il contrario. Per esempio, è su di voi che ricade il compito della spartizione del territorio. È il capobranco che deve fissare il posto del cane in casa.

Gli concedete un posto preciso e lui dovrà rispettare la vostra decisione.

È importante non sistemarlo in un punto di passaggio, e soprattutto non a un "incrocio", ma senza allontanarlo dal branco: farlo stare sotto una scala o in un angolino sarebbe un errore.

Si sentirebbe innanzitutto isolato, poi rinchiuso, senza possibilità di fuga. Pur senza avere un ruolo centrale, il cane è parte integrante del branco e deve essere trattato come tale.

Dal momento in cui comincerete l'educazione, preparatevi a una sorta di braccio di ferro da cui voi dovrete, evidentemente, uscire vincitori. A volte, da un giorno all'altro, sembrerà che il cucciolo abbia scordato quello che gli avete insegnato il giorno precedente.

Effettivamente non è che se lo sia scordato, prova solo a vedere se l'avete scordato voi! Quella che vi sembra una forma di testardaggine è una reazione naturale. È un po' come se vi facesse la domanda: "Il mio padrone dà una reale importanza agli esercizi che mi impone di fare?".

Il cane ha bisogno di mettere alla prova il vostro comporta-

Disporre dei giornali a terra è sempre un'ottima idea, soprattutto nei primi mesi di convivenza

mento. Ha bisogno di vedere fin dove potete arrivare per farvi rispettare.

Il cane mette alla prova il vostro comportamento

Sappiate che sarà sempre alla ricerca della vostra debolezza che gli permetterà di non obbedire, e questo spiega il fatto che, regolarmente e per tutta la vita, rimetterà in questione l'ordine stabilito. Spetta a voi mantenere la coesione fra animale e padrone. Fategli vedere che siete gentili, ma più testardi di lui! Che andate fino in fondo.

Avere sempre l'ultima parola: ecco il vostro imperativo!

L'importante, nei primi tempi dell'educazione, non è avere dei risultati rapidi ma dimostrare che avete studiato e delineato perfettamente l'obiettivo che vi proponete. E che niente potrà distoglervi dal raggiungerlo.

Alcune persone "lavorano" con il cane in maniera confusa, senza sapere veramente cosa vogliono ottenere dal loro animale. È fondamentale quindi, e sin dalla prima lezione, che abbiate ben chiari i risultati che vi aspettate da lui.

Non "lavorate" mai con lui in modo approssimativo, con solo vaghi obiettivi e conoscenze poco approfondite.

Il cane, se sente che non siete sicuri di voi, non ve la farà passare liscia. Nella sua mente, un padrone che manca di fiducia in se stesso, può essere destabilizzato facilmente. Non lo teme perché non sente in lui un'autorità naturale. Peggio ancora, non lo rispetta.

A partire da quel momento ha il coltello dalla parte del manico e vi può far veramente impazzire! Quindi, per prima cosa dovete fissare degli obiettivi, attenervi a essi e sapere come raggiungerli.

In realtà l'obiettivo fondamentale è uno solo: arrivare rapidamente alla certezza che avere un cane è sempre un piacere e non un lavoro faticoso, accompagnato da vari motivi di inquietudine o di contrarietà. Cosa vi aspettate, in realtà, dall'educazione? Poter andare a spasso dovunque con il cane senza essere infastidito, poterlo lasciare solo in casa senza che faccia danni, che non abbai fino a

La pazienza è d'oro

Prima di entrare nel vivo dell'argomento, un ultimo consiglio: non dimenticate mai che dovete rimanere calmi in qualsiasi circostanza: è il prezzo da pagare perché l'educazione abbia successo. Non dovete sfogare le vostre crisi di nervi sul cane.

L'educazione canina è prima di tutto un periodo dedicato all'apprendistato. Se non ne avete il tempo, non fate lavorare il cane. È meglio così piuttosto che fare le cose male.

Non dimenticate mai che avete il ruolo di capobranco

È importante, a partire dal secondo mese di vita, che il cucciolo trovi il suo posto in una gerarchia. Ha bisogno di una struttura del genere per costruire la propria personalità. Questa è la ragione per cui dovete obbligarlo regolarmente a tenere le distanze quando chiede le coccole.
Non si può accettare tutto. Non cedete sistematicamente ai suoi tentativi, per esempio quando vi porta la palla per giocare. Sappiate rifiutare, in modo che capisca che anche lui deve vivere la sua vita e che, comunque, siete solo voi a decidere qual è il momento giusto per giocare. È molto semplice: se gli dite sempre di sì, quando vuole uscire, giocare, mangiare... non capirà che cosa succede il giorno che non potrete farlo. Immaginate di rifiutare di giocare con lui perché quel giorno, in quel momento, non ne avete tempo: reagirà male e farà delle sciocchezze perché sarà confuso rispetto alle abitudini che gli avete dato. Sin da piccolo deve capire che non siete sempre disponibili per lui, altrimenti ne farete un cane decisamente capriccioso ed esigente. Per non cadere nella trappola, adottate un comportamento da capobranco. Nella mente dell'animale la cellula familiare è la replica esatta del branco. L'umano viene percepito come un altro cane. Il padrone si deve mettere nei panni del capobranco per affrontare i diversi problemi. Tocca a voi far rispettare un certo numero di regole.

Una volta educato, potrete addestrare il vostro cane; ma ogni cosa a suo tempo

farsi sentire dappertutto, che non sia aggressivo né verso gli uomini né verso gli altri cani... In breve, che vi dia meno preoccupazioni e più piacere possibile.

Ecco i comportamenti su cui ci concentreremo nelle pagine seguenti.

Il cane deve avere un luogo fisso che rappresenta la sua cuccia

● Permettere al cucciolo di dormire nella vostra stanza? Mai!

Mai e poi mai! Non bisogna assolutamente permettere al cucciolo di dormire nella camera da letto né la prima sera né le seguenti. E aggiungo anche che l'atteggiamento che adotta sin dal primo momento il padrone fa già parte del suo lavoro educativo. Delle cattive abitudini prese il primo giorno si ripercuoteranno per tutta la vita del cane. Quello che il cane desidera e desidererà tutta la vita è di dormire vicino al padrone, poiché sarà abituato a vivere al suo fianco. Osservate come si comporta un cane in uno spazio enorme: l'istinto di branco fa sì che resti sempre in una zona ristretta intorno al padrone.

Per quanto riguarda il dormire in camera col padrone, il mio punto di vista è chiaro: ognuno deve restare al suo posto. Bisogna che il cane capisca che casa sua si riduce alla sua cuccia o al suo angolo. Casa vostra è la vostra cuccia, prima di essere la sua! Conosco persone, e sono sicuro che ne conosciate anche voi, che cominciano con il lasciare che il cane dorma in camera, ai piedi del letto, poi sul letto e alla fine nel letto. Ci sono addirittura coppie che non hanno alcun problema a far dormire il cane, di notte, fra loro! È proprio disastroso: il cane non ha più un punto di riferimento, si ritiene il padrone di casa, e la camera da letto e il letto diventano la sua camera e il suo letto. Al punto che se qualcuno in famiglia si vuole avvicinare al letto, il

Il cane non deve mai dormire nel vostro letto

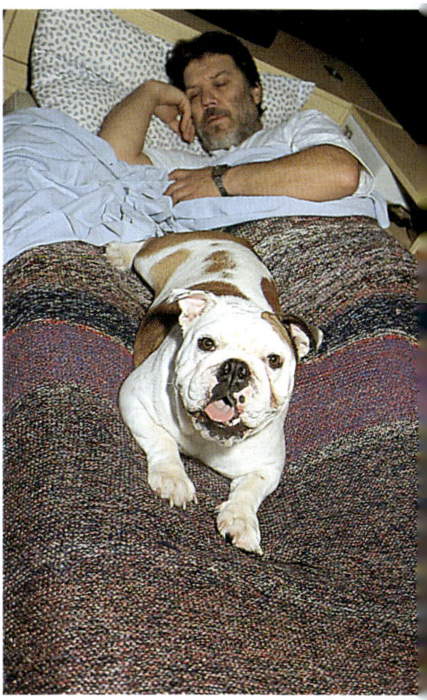

È utile rimpiazzare il calore dei suoi fratellini con un peluche, oppure una coperta con l'odore della sua cuccia precedente e simulare i battiti del cuore usando un orologio

cane si mette a ringhiare: è il suo territorio. A questi risultati ci si arriva per debolezza, perché non si è avuto il coraggio di dire di no il primo giorno. Al contrario, è normale vegliare sul nuovo arrivato, i primi giorni. All'inizio il posto dove dorme deve trovarsi vicino al padrone perché il cagnolino, regolato dall'istinto del branco, ha bisogno di stare vicino a colui che costituisce il nuovo branco. Ricordiamo che il cucciolo aveva l'abitudine di addormentarsi e rannicchiarsi contro la madre. Arrivato a casa vostra, avrà naturalmente voglia di fare la stessa cosa, vi considera per quello che siete, in gran parte: un sostituto della mamma.

Mi direte che è molto difficile resistere alla tentazione di far dormire questa adorabile pallottola di pelo sul vostro letto, almeno i primi giorni. Senza contare il dispiacere di sentirlo piangere a qualche metro da voi, a volte per buona parte della notte, senza andare a vedere come sta. Quanti nuovi padroni, animati in partenza dalle più ferme intenzioni e coscienti degli errori da non fare, hanno finito per "cedere" e scendere a patti con la regola che avevano comunque deciso di applicare.

Sapere quello che bisogna fare è una cosa, riuscire a farlo malgrado il sacrificio che comporta, è ben altro. Ma se c'è una regola da rispettare, è per ottime ragioni, come ho già spiegato.

Aggiungo che deve essere chiaro, sia per voi sia per il cucciolo, che l'uomo è un animale a due zampe, mentre il cane ne ha quattro.

Quando siete stesi vicino a lui, siete esattamente alti come lui. Bisogna evitarlo, se volete che assimili i principi di base.

La pietà non è una buona consigliera

Pensate anche all'igiene: è sano, sarà sano, quando il cane avrà tre, sei anni, tenerlo nel letto con voi ogni notte? Non credo proprio, e non lo credete nemmeno voi, ne sono sicuro. Allora, non cadete in trappola, facendo il contrario di quello che credete giusto per debolezza, se non per pietà. In materia di educazione, la pietà non è mai una buona consigliera.

Da ricordare

- Per un cane, l'età migliore per essere adottato è la settima settimana.
- Il cucciolo deve fare quante più esperienze possibili fra il secondo e il terzo mese di vita. Così sarà più forte per affrontare i problemi della vita.
- Il cane non deve dormire nella camera da letto del padrone.
- Non dimenticate che siete voi il capobranco. Siate fermi e calmi.

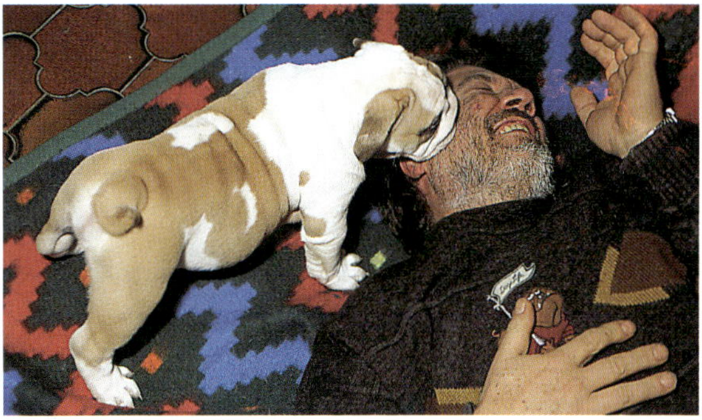

Nel gioco non mostratevi mai troppo sottomessi con il vostro cane, anche se resistere agli occhi dolci specialmente dei cuccioli è assai difficile

I primi contatti

L'arrivo di un cucciolo

Alcuni vi consiglieranno di cominciare l'educazione del cane sin dal primo giorno.
È tutto da vedere...
Al momento del passaggio da un ambiente familiare a un territorio completamente sconosciuto, il cane sarà turbato, molto angosciato, perché non ha più punti di riferimento.
Ecco perché io propongo, invece, di lasciarlo tranquillo nei primi due o tre giorni. Poco a poco, si adatterà e si sentirà sempre meglio. Allora potrete cominciare a inculcargli qualche elementare principio di educazione.
Non precipitate mai le cose.
Procedete per ordine. In un primo tempo insegnategli che non si può fare qualsiasi cosa in casa. L'educazione è una miscela ben equilibrata di bontà e durezza. Infatti, se siete troppo tolleranti con il cane, ne andrà di mezzo la vostra autorità; al contrario, non vi potete aspettare che esegua un vostro or-

Nella mente del cane si imprime tutto quello che gli viene insegnato: per esempio, se riceverà affetto, darà affetto

Il cucciolo impara velocemente, ma molto dipende dall'abilità del suo istruttore

Quando incontrate per la prima volta un cane, tendetegli lentamente la mano con il palmo rivolto verso l'alto perché possa annusarla

Esercizio: imparare a restare da solo

- Chiedete all'animale di stare fermo in un angolo di una stanza.
- Ditegli: "Seduto" o "Terra" e andatevi a nascondere nell'altro angolo.
- Fate in modo che si dimentichi di voi per dieci secondi, poi ricomparitegli davanti.
- Dite al cane di non muoversi, poi scomparite di nuovo.
- Andate avanti così per due o tre volte, parecchie volte a settimana e scoprirete che il cane si abitua alla vostra assenza.
- Rasserenato, si occuperà delle proprie cose.

È il cane che si deve occupare del padrone!

Non accettate tutte le sue proposte, ma non stategli neppure sempre addosso. Alcuni padroni hanno la tendenza a occuparsi troppo del cane, mentre dovrebbe essere il contrario: è il cane che si deve occupare del padrone! È importante che il cane impari a vivere la propria vita, senza comunque essere angosciato.

Per far questo vi consiglio il seguente esercizio. Ricordate che il cane è un animale intelligente che impara molto rapidamente. Costruisce il suo futuro guardando vivere voi. E soprattutto non dimenticate mai il grosso svantaggio che avete rispetto al cane: lui sa quali sono i vostri difetti!

dine se ha troppa paura di voi. Il padrone si deve sempre rimettere in discussione, in modo da non mostrarsi né troppo severo né troppo arrendevole o indifferente, altrimenti potete star certi che il cane farà di testa sua. Il cervello del cane è come un CD vergine sul quale si registra tutto quello che gli si insegna.

Tenetene conto, in modo da imporre le proibizioni, per far capire al cucciolo che non deve fare tutto quello che gli passa per la testa: non siete lì per eseguire i suoi ordini o per assecondare i suoi capricci.

Come agevolare l'ingresso nella nuova famiglia

Che cosa bisogna fare quando il cane arriva in casa? Assolutamente niente!

Mettete il cagnolino per terra e lasciatelo in pace! Sia che abbiate o no altri animali, la cosa migliore è metterlo subito a confronto con il nuovo ambiente. Se il cane mostra segni di turbamento, non preoccupatevi, passerà. I primi giorni non stategli troppo vicino, divertitevi con lui, ma senza passare tutto il tempo a coccolarlo, ad averne pietà. Il cane si adatta facilmente. Cominciate sin da subito a preparare le prime uscite.

Il guinzaglio e il collare messi all'improvviso al collo del cane rischiano di sembrargli sgradevoli, addirittura di fargli paura, se non ne è stato abituato sin dalla più tenera età. Dopo qualche giorno che è in casa, vi consiglio di prendere un po' di spago da cucina o di lana e attaccarlo al collare. Lasciateglielo sempre. Secondo me, è un buon esempio di inizio di educazione dolce.

Il pezzetto di spago diventa un sostituto del cordone ombelicale che vi lega al cane.

Lo spazio vitale del cane

Assegnate al cane un posto per dormire e non cambiatelo più. Naturalmente è il padrone che deve prendere la decisione. An-

Il luogo in cui riposa deve essere sempre lo stesso

cora una volta deve avere una sua idea per potersi imporre. Siate decisi sin dal primo momento su quello che vi aspettate dal cane.

Se si tratta di un cane che in futuro terrete all'esterno, prevedete per lui un posto in garage o una cuccia in giardino, quando le notti sono ancora miti.

Un cane che volete tenere vicino, sempre sotto il vostro tetto, troverà la felicità in una cesta, un tappeto o una coperta, che saranno i suoi primi riferimenti. Assegnategli un posto per dormire e non cambiatelo più.

Per facilitarne l'integrazione e fare in modo che si senta rapidamente bene a casa vostra, a volte si consiglia di mettere nella cesta dei giocattoli o qualcosa che gli ricordi l'odore della sua vecchia casa (se è appartenuto ad altre persone) o della sua vecchia gabbia, cosa che potrebbe, secondo alcuni, rendere più facile il passaggio e dissipare apprensioni o paure.

Se posso permettermi di parlare a nome del cane, vi dico una cosa sola: lui se ne infischia altamente del passato! Non fate del sentimentalismo da quattro soldi e dimenticate la sua "vecchia vita"; quello che conta è la nuova, quella che scopre in questo momento e che passerà nei prossimi anni. Comunque sia, avete appena delimitato la prima delle tre zone che costituiranno lo spazio concesso al cane.

Non permettetegli di salire sul letto, sul divano o sulle poltrone quando è cucciolo, lo paghereste caro in futuro

Fate in modo che non invada altri spazi, che non allarghi il suo personale territorio, e tenete duro.

Insegnare le regole elementari di pulizia

Tutto sommato il cane è un animale pulito, non ha per forza voglia di fare i suoi bisogni nell'ambiente in cui sta.
Certo, i primi tempi il cucciolo è troppo piccolo per fare i bisogni fuori, dovete quindi affrontare le inevitabili brutte sorprese. Il vostro lavoro deve cominciare sin dalla prima cacca o dalla prima pipì, ricordandovi sempre, però, che il cucciolo smette di sporcare solo dopo quattro o cinque mesi, non potete pretendere che lo faccia prima...
Può sembrare un periodo lungo di tempo, ma è così, e non deve impedirvi di mettercela tutta per aiutarlo a imparare. Senza scordare che è anche quello che vuole lui.
Perché, e vi sembrerà sorprendente, il cane ha voglia solo di essere pulito. Se, passati quattro o cinque mesi, vi rendete conto che questo obiettivo non è stato raggiunto potete fare l'esercizio consigliato. Se il cane è stato acquistato in un negozio specializzato o se ha vissuto in un canile, sappiate che è stato tenuto chiuso in gabbia giorno e notte e che gli è stato insegnato a fare lì i suoi bisogni. Per lui, di conseguenza, sarà del tutto naturale farli dove vive. Sta a voi cercare di decondizionarlo in modo da insegnargli che non bisogna farli in casa.
Anche in questo caso, il modo più efficace è legarlo per un tempo molto più lungo, come per dirgli: "Ecco cosa ti succede se non ti comporti bene a casa tua". Se avete un giardino, potete ottenere lo stesso risultato lasciandolo fuori per tutta una giornata, se non per un'intera notte.

Il cane che sporca in casa

Certi cani non fanno i loro bisogni fuori, quando vanno a fare la passeggiata, ma in casa, quando tornano. È seccante, lo ammetto, ma prima di perdere completamente la pazienza e di dare in escandescenze, cercate di capire che i cuccioli che fanno sistematicamente i loro bisogni dentro casa, malgrado tutto, sono di solito paurosi.
Ci sono molte probabilità che il cucciolo mostri in questo modo la sua inquietudine. Il nuovo ambiente in cui si trova, il bombardamento di informazioni, che gli arrivano da tutte le parti, gli odori degli altri cani,

Per insegnargli la pulizia non usate metodi umilianti e inutili

Esercizio: imparare a non sporcare

• Prendete il guinzaglio come fate di solito e legatelo per una, due ore, di fianco alla ciotola del cibo: il cane capirà che non deve fare i suoi bisogni, perché non ha nessuna voglia di farli di fianco alla ciotola.
• Altra soluzione: legarlo per circa due ore di fianco alla sua cesta. Il cane non farà mai i suoi bisogni dove dorme, si tratterrà, costi quel che costi. E, poco per volta, aspetterà di uscire per farli. In seguito prenderà anche l'abitudine di protestare, cosa molto più piacevole per voi di pulire le sue pipì in casa.
• Immaginiamo, adesso, che il cucciolo faccia i suoi bisogni in un certo angolino di casa. Dopo aver pulito, metteteci un giornale sopra. Il cane capirà subito l'informazione e si ricorderà che l'allevatore, per tenerla pulita, aveva messo della segatura o dei giornali nella gabbia. Non vi rimane che spostare gradualmente la carta di giornale verso la porta. Quando vediamo il cucciolo avvicinarsi al giornale, sta a noi prevenire che sporchi, prenderlo e metterlo fuori, se si ha uno spazio aperto, o portarlo in strada se si abita in un appartamento. Non dimenticheremo, ogni volta, di congratularci con lui. Prestissimo il cane collegherà il bisogno di urinare o defecare all'obbligo di uscire.

Può darsi che gli odori di altri cani gli impediscano di fare pipì

per esempio, gli mettono angoscia. È proprio l'angoscia che impedisce al cucciolo di fare i suoi bisogni, perché ha paura di lasciare tracce, odori, e di essere individuato dai suoi consimili. Allora, quando è fuori, si trattiene, e alcuni cuccioli arrivano al punto di fare i loro bisogni a casa al ritorno da una passeggiata!

Che lo portiate a passeggio cinque minuti o un'ora intera, è evidente che non ha intenzione di fare niente fuori. Ecco un modo molto semplice di cor-

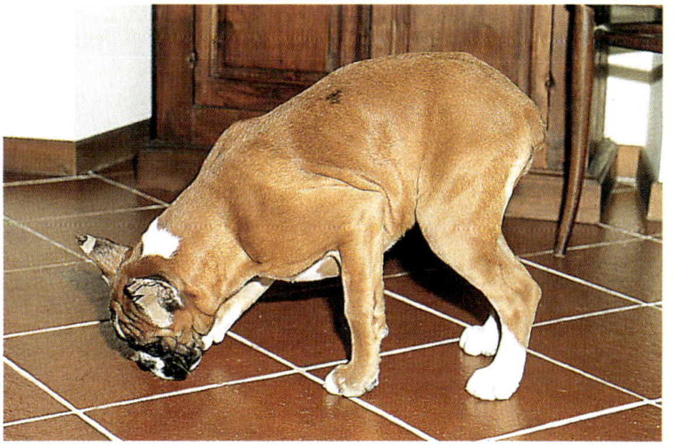

Farà i suoi bisogni dove sentirà l'odore dei precedenti: disinfettate sempre con cura

La madre sorvegliava il cucciolo 24 ore su 24. Non sarete in grado di fare altrettanto, ma cercate almeno di mantenere sempre una certa coerenza

Esercizio: fare i bisogni fuori

- Quando vedete che il cane non fa i suoi bisogni durante la passeggiata, accorciatela, tornate a casa e fate il giro della casa con lui.
- Appena vedete che si dà da fare per trovare un posto dove farli, uscite di nuovo con lui per cinque minuti.
- Se la passeggiata gli toglie di nuovo la voglia di fare i suoi bisogni, perché ha chiaramente paura, ritornate di nuovo a casa e percorretela su e giù di nuovo insieme a lui. Continuate così finché non capisce che gli è proibito sporcare dentro.

reggere questo comportamento senza dovervi arrabbiare con lui.

Alcuni penseranno che questo esercizio richiede un investimento in termini di tempo che purtroppo non si possono permettere.

Altri ritengono che non sta al padrone farsi in quattro per insegnare al cagnolino le regole di igiene. Ma è importante sapere cosa si vuole e, come vi ho già detto, la decisione di prendere un cane implica degli obblighi.

D'altra parte non è tanto per lui che acconsentite a fare questo sforzo, ma per voi, per la vostra futura comodità.

Se siete veramente esasperati dal comportamento del cane e non volete proprio imporre a voi stessi la "moltiplicazione delle uscite", tornate alla soluzione radicale citata precedentemente: accorciate la passeggiata e legate il cane di fianco alla ciotola del pasto. Vicino alla ciotola il cane non vorrà fare i suoi bisogni. Applicate il metodo per quattro o cinque giorni, e il cane imparerà a farli di fuori.

Un luogo comune da evitare

Mettere il naso del cane nelle sue feci non è una buona idea. Avete mai infilato il naso di vostro figlio neonato nei suoi escrementi?

Sinceramente sono convinto che si possa fare a meno di utilizzare una pratica così bestiale e cattiva. È umiliante, non serve assolutamente a niente e rischiate che il cane nutra dei cattivi sentimenti nei vostri confronti.

Quando il cane ha sporcato, non pulire davanti a lui

Di solito si dice che se si è chinati o inginocchiati, con una spugna in mano e l'aria decisamente disgustata, questo può essere interpretato dall'animale come un segno di inferiorità da parte vostra.

La cosa peggiore, ai suoi occhi, è che diate l'impressione di essere sempre disponibile ai lavori più duri. Inoltre, quando vi accovacciate, l'animale pensa prima di tutto a giocare, e quindi c'è il rischio che immagini che fare i suoi bisogni dovunque, in casa, vi diverta, e non è certamente questo il caso, no?

È una teoria e c'è chi la sostiene. Da parte mia, non sono convinto della fondatezza di questi argomenti, mi sembrano un po' tirati per i capelli. Quel che è certo è che dovete essere sufficientemente rispettati, se non temuti, e tenere il cane a distanza quando pulite la sua sporcizia.

Gli dovete mostrare anche, senza comunque cedere alla collera, che non c'è niente di divertente in quello che ha fatto e sarebbe meglio che si vergognasse.

Quando il cane continua a sporcare nello stesso posto

Il trucco consiste nel mettere la sua ciotola vicino al posto dove ha sporcato. Il cane capisce subito che non bisogna farla là perché quello è il posto della ciotola. Se insiste, tenetelo legato per un'ora o due.

Come ho già detto, il naturale istinto di pulizia dell'animale lo spingerà a trattenersi. Liberatelo solo per il tempo necessario perché faccia i suoi bisogni, poi legatelo di nuovo. Certo non è un metodo molto apprezzato dai padroni che la mia professione mi porta a conoscere, ma è sicuramente il più efficace come "ultima spiaggia".

Osservandolo quando raspa per terra, annusa, gira intorno o mostra segni di nervosismo, imparerete rapidamente a scoprire quando l'animale ha voglia di soddisfare i suoi bisogni corporali.

Afferrarlo per la collottola quando ha tre mesi a volte è necessario, ma farlo a un cane adulto significa umiliarlo. Un altro rischio: potrebbe morderci

● TANTE COSE CHE IL CANE NON DEVE FARE: MORDICCHIARE I MOBILI, DISTRUGGERE I VESTITI...

Ricordate quel pezzo di spago che gli fa da guinzaglio? Prendetelo in mano e tirate verso l'alto bruscamente, ma non con violenza, e dite in maniera autoritaria: "No!". Dopo un certo tempo, il cane finisce per associare una parola a un'azione. Presto non avrete più bisogno di tirare lo spago perché reagirà semplicemente al "No!". Il "No!" è fondamentale sin dai primi giorni. È assolutamente inutile mostrarsi violenti con il cucciolo. È l'azione che conta, prima di tutto. Un "No!" pronunciato in tono autoritario, lascerà il cane totalmente indifferente se non è accompagnato da un gesto. Il padrone può passare giornate intere a sbraitargli contro, per poi rendersi conto che l'animale rimane del tutto indifferente ai comandi. Con il proprio cane bisogna passare all'azione, non basta accontentarsi di parlargli.

Il mio cane non è stato educato da cucciolo

Tutte le lacune, tutti i difetti di un cane si possono recuperare. Si ha torto a credere che i comportamenti o traumi dei cani siano irrimediabili. In effetti, vi sono moltissime possibilità di rieducare un cane. Partite dal principio che il tempo che dedicherete alla rieducazione dell'animale dipenderà dalla presenza o dall'assenza di traumi più o meno profondi. Più il cane sarà segnato da esperienze negative, più lunga sarà la sua rieducazione.

Il cucciolo tende a mordicchiare tutto ciò che trova; è un comportamento da correggere

Per darvi un'idea del compito che vi aspetta, sappiate che un animale su cui non è stato fatto alcun lavoro di educazione è meglio di un animale al quale il padrone ha dato cattive basi o che è stato maltrattato. Nel primo caso dovrete ripartire da zero, in modo che l'educazione poggi su solide basi. Nel secondo, il cane dovrà prima di tutto disimparare, liberarsi degli stereotipi che ha registrato e accumulato nel corso della sua esistenza, in modo da trovarsi in condizioni favorevoli per ricevere un'educazione corretta. L'animale segnato, rinchiuso o maltrattato, come quelli che si trovano nei rifugi, ha bisogno di un lavoro di decondizionamento, per eliminare i vari problemi che ha accumulato. Secondo come si comporta, sta a voi, o all'educatore a cui vi rivolgete, capire e correggere i traumi del cane.

I cani maltrattati

I cani che sono stati maltrattati, se non perseguitati, spesso reagiscono allo stesso modo: mordono.

Un cane non morde mai per caso o per incoerenza. Basta sapere che c'è una spiegazione a questo atteggiamento e cercarla, e non limitarsi a dire: "Questo cane è pazzo!". Ho trattato centinaia di casi tutti diversi fra loro e la maggior parte delle volte strani, se non incomprensibili. Se ce la si mette tutta, si finisce sempre per trovare la spiegazione e, a partire da essa, si può eseguire una forma di terapia.

Prendete il caso di un cane che morde solo adulti alti e robusti. Mi è capitato di recuperarne uno che presentava questo sintomo, abbastanza incomprensibile a priori. Per quel che ho capito, questo povero animale era stato, da piccolo, maltrattato dal padrone, un uomo che era alto più di un metro e ottanta.

Il cane aveva finito per registrare un dato molto semplice: tutti gli uomini alti e robusti erano cattivi e rappresentavano, per lui, una minaccia; temendo di essere aggredito, quando ne incontrava uno lo precedeva e gli si gettava addosso con le fauci spalancate. Il mio lavoro è consistito nel dimostrargli che non c'era niente da temere dagli uomini grandi e grossi, nel rendergli familiare la loro presenza, rassicurandolo. In casi del genere il lavoro consiste nel cancellare il brutto ricordo per dissolvere le paure e fargli ritrovare un certo equilibrio.

Il guinzaglio è un elemento indispensabile per una buona educazione

Anche i cani traumatizzati da esperienze spiacevoli possono recuperare l'equilibrio se trattati con dolcezza

Da ricordare

- Aspettate due o tre giorni, dopo che il cane è arrivato a casa, prima di cominciare la sua educazione.
- In un primo momento, insegnategli a non fare tutto quel che vuole in casa.
- Dire "No!" è fondamentale sin dai primi giorni.
- Insegnategli a restare da solo.
- Un cane non sporca più solo dopo i quattro o cinque mesi di età.
- Si può rieducare un cane adulto che è stato maltrattato.

L'educazione a casa

I principi di obbedienza

Non lasciare che il cane faccia di testa propria è il primo principio di obbedienza, pietra angolare dell'educazione canina. Per raggiungere questo livello di obbedienza, sappiate sin d'ora che l'animale farà quello che desidera il padrone all'unica condizione che egli sia capace di rimettersi in discussione quando si accorge di aver commesso un errore. Di tanto in tanto è l'uomo che deve cambiare il proprio comportamento, e non il cane. Esso non ha bisogno di cambiare, ma di essere istruito da un padrone che non commette errori o che sa correggerli, se necessario. A partire da questo momento, il cane sarà disposto a lavorare.

Gli esercizi che seguono, e che vi raccomando di seguire alla lettera, condurranno progressivamente l'animale a essere obbediente, e di conseguenza vi garantiranno un reale piacere di coabitare con lui, invece di vivere un incubo che vi farebbe presto rimpiangere di aver preso un cane. Ci sono parecchi punti su cui tornerò spesso ma che citerò sin da adesso, perché mi sembrano di importanza capitale per praticare bene i vari esercizi che renderanno obbediente il vostro cane.

■ Associate sempre un gesto o un'azione alla parola: un ordine che non ha l'appoggio di un gesto potrebbe non essere compreso dal vostro animale.

Permettere al cane di dormire sul divano è davvero una pessima idea. A ciascuno il proprio spazio vitale

Siate pazienti

Non è andando in collera, gridando o picchiando il cane che gli farete assimilare gli esercizi, ma il contrario. Così lo renderete sempre più aggressivo e testardo. Se siete nervosi o avete fretta, non lavorate con il cane.
Rimandate la lezione al giorno dopo o a un giorno migliore. Dite a voi stessi che il cane non deve essere la vostra vittima, e nemmeno un punching ball o una valvola di sfogo. Se volete farlo lavorare, dovete avere la testa libera e disponibile. È inutile voler giocare a fare gli educatori la sera di una giornata massacrante in ufficio, quando vi è rimasta solo la forza di fare zapping col telecomando, accasciati sul divano del salotto. Il cane sarà recettivo nella misura in cui voi avrete in testa altro che lo stress, il nervosismo e la stanchezza da comunicargli.

■ Fate in modo che i comandi siano brevi e comprensibili. È anche un buon metodo per far vedere al cane che avete fiducia in voi stessi e che sapete essere autoritari.

■ Non ripetete i comandi. Se li ripetete troppo spesso senza accompagnarli a un'azione, il cane penserà che quello che gli dite è senza importanza.

■ Così, se ripetete un comando tre volte e la terza volta vi arrabbiate, il cane dedurrà rapidamente che ha diritto a tre rifiuti prima di obbedire.

■ Non siate ossessionati dal risultato immediato. Fate capire prima di tutto all'animale quello che vi aspettate da lui: è la cosa più importante. Più tardi, quando l'avrà assimilato, farà quello che gli avete insegnato, ma bisogna saper dare prova di pazienza.

■ Fate rilassare il cane prima di lavorare. Variate i luoghi in cui eseguire l'esercizio per abituarlo a diversi terreni di addestramento. All'inizio andate in posti calmi; potrete verificare l'apprendimento in un secondo tempo, quando le lezioni saranno state assimilate, in posti più rumorosi, con più confusione.

■ Insegnategli una "novità" a ogni seduta, in modo che non rimanga turbato.

Facendogli praticare un solo esercizio per volta, gli lascerete il tempo di assimilarlo. Eventualmente, e alla sola condizione che il cane abbia prima perfettamente capito e integrato un primo esercizio, potrete aggiungerne un secondo e così via. La seduta non deve terminare prima che l'animale abbia capito l'esercizio. Una volta iniziata una lezione, andate fino in fondo.

■ La ricompensa, dopo ogni esercizio, deve essere una carezza e non un pasticcino. Se lo desiderate, potete dargliene uno un quarto d'ora o mezz'ora dopo aver lavorato. Lo scopo è evitare che il cane colleghi il pasticcino al lavoro, e che non faccia l'esercizio per ottenere una ricompensa. Per lo stesso motivo non si accarezza il cane durante l'esercizio, ma dopo. Se lo accarezzate durante, crederà che l'esercizio sia finito.

Per finire, ricordate che l'obbedienza non è un gioco che ha come scopo quello di far colpo sugli amici. L'obiettivo di questi esercizi non è insegnargli a "dare la zampa" in società, ma nemmeno fare in modo che si mostri sottomesso davanti a parenti o amici che sono venuti a trovarvi.

Il padrone è unico

Il padrone è una sola persona, ed è l'unico che deve farsi obbedire.
L'insegnamento dell'obbedienza non si deve trasformare in un lavaggio del cervello stupido e crudele eseguito in sedute fiume di un'ora, meglio poche e brevi.

■ Per i cuccioli, consiglio tre sedute al giorno di cinque minuti ciascuna.

■ Per i cani adulti, tre sedute al giorno di quindici minuti.

Da queste indicazioni si vede che il lavoro di educazione non porterà via molto tempo. Il cane deve obbedire in qualsiasi momento della giornata, deve essere sempre in grado di lavorare in modo da saper affrontare qualunque imprevisto, ecco perché otterrete migliori risultati lavorando poco e spesso che facendolo per un'ora tre volte al mese. Il cane deve capire che l'obbedienza non è una punizione ma una questione di rispetto.
È un momento importante, un privilegio che il cucciolo condivide con il padrone, che si dedica completamente a lui.

L'obbedienza è una questione di rispetto

I conflitti fra cane e padrone non si possono risolvere con la violenza. L'educazione non

Il cane deve imparare a ubbidire solo ai comandi del suo padrone

Per farsi ubbidire occorre in primo luogo guadagnare il rispetto del cane

deve basarsi sui rapporti di forza, ma sull'affiatamento. Ecco perché dovete prima di tutto fargli vedere quello che vi aspettate da lui, prima ancora di andare in cerca di risultati.

Legandolo regolarmente nel corso della sua vita, lavorando col guinzaglio come vedremo in seguito, non punite il cane, ma semplicemente gli mostrate che non può fare sempre quello che gli passa per la testa, che non potete accettare che si innervosisca e si mostri aggressivo, per nessun motivo.

Farsi ubbidire mostrando una leccornia è facile, ma il vostro cane deve ascoltarvi in qualsiasi momento

Il bulldog adulto, a destra, ha un atteggiamento di ubbidienza: sguardo verso l'alto, ma con la testa china; mentre quello a sinistra, ancora cucciolo, non sembra essere disposto a ubbidire

Chi deve assumersi l'incarico di educare il cane?

Tutti devono e possono farsi rispettare dal cane, sia gli adulti sia i bambini, ma non scordate mai che, qualunque sia il numero di componenti del nucleo familiare, ognuno di loro deve mantenere un atteggiamento dominante nei riguardi del cane. A seconda del comportamento di ciascuno, il cane riconoscerà colui che ha l'autorità per fargli da "padrone". Ciò non impedirà, comunque, che ciascun membro della famiglia partecipi all'educazione del cane, ammesso che siano tutti alla stessa lunghezza d'onda; infatti, bisogna stare attenti che ciascun componente della famiglia abbia lo stesso atteggiamento nei confronti dell'animale.

Per esempio, se gli insegnate delle regole e lui non mostra di collaborare, non lasciate che un altro familiare lo accarezzi durante l'esercizio: ciò gli creerebbe confusione accordandogli una forma di protezione in un momento in cui non c'è alcun conflitto. Spiegatelo ai vostri figli in modo che non compromettano il lavoro che avete fatto voi! Se il cane dimostra di collaborare è perché è contento di lavorare, il padrone lo avverte e gli fa delle carezze. Quando il cane non collabora, ha solo un'idea in testa: allontanarsi dal padrone per andare a cercare protezione da qualcun altro. Fate in modo che nessuno ceda e venga ad accarezzarlo.

Concludendo, non abbiate l'aria di sorvegliare sistematicamente il cane, altrimenti l'interpreterà come una mancanza di fiducia da parte del padrone, un punto debole che saprà sfruttare.

Il guinzaglio, il più fedele alleato dell'educatore

Potrebbe sembrarvi sorprendente, ma è il guinzaglio che farà il lavoro al posto vostro, esercitando una pressione sull'animale.

Il lavoro con il guinzaglio e il collare è il vero pilastro dell'educazione canina.

Fate in modo che il guinzaglio diventi l'asse portante della vostra tecnica di educazione, il prolungamento del braccio e della voce. Vi risparmierà inutili abbassamenti di voce, perché invece di sgolarvi a ripetere dieci volte di seguito lo stesso comando, basterà che tiriate bruscamente il guinzaglio per obbligare il cane a starvi a sentire. Senza guinzaglio il cane è del tutto libero di fare qualsiasi movimento, e fa quel che vuole. È il guinzaglio che vi permette di affermare la vostra autorità.

Tenete a mente il consiglio: collegate sempre la parola all'azione. I cani reagiscono prima

Per risultati più efficaci in addestramento, accompagnate sempre la parola all'azione

Dovete insegnare al cane a non mangiare niente senza il vostro permesso

di tutto al linguaggio corporeo e al tono di voce.

Scommetterei qualsiasi cosa che il cane non vi obbedisce, se non ha il guinzaglio. Lo si può verificare tutti i giorni, nella pratica. Prendiamo l'esempio di un cucciolo che raschia con le zampe la vetrata della veranda, una situazione molto irritante per tutte le massaie. Il cane vuole tornare dentro. Ricordate che non conosce il valore delle cose e che non si farà scrupolo di macchiare di bava i vetri che avete appena pulito, e non avrà alcun rimorso a inzaccherarvi il tappeto o il parquet quando avrà deciso di mettersi al riparo dalla pioggia. Fategli capire sin da adesso che non può entrare in casa tutte le volte che ne ha voglia. Dovrà chiedervi il permesso? Sì, all'incirca... Non dimenticate che a casa vostra siete voi il padrone, ecco perché il cane deve aspettare il vostro consenso. Se salta sulla vetrata o sulla porta, ditegli "No", tirando bruscamente il guinzaglio e dategli l'ordine di restare fuori. Se sentite che si riavvicina troppo al vetro o che progetta di buttarcisi sotto, spezzate il suo slancio tirando il guinzaglio. Se il cane non è legato al guinzaglio, buttate su di lui uno straccio o un pacchetto di sigarette. Sarà sorpreso di ricevere un oggetto di cui non riuscirà a capire la provenienza se non qualche secondo più tardi. Capirà presto che gliel'avete gettato voi. Provate, funziona benissimo! In questo modo completate l'elenco delle cose proibite di cui il cucciolo deve assolutamente tenere conto per non causarvi preoccupazioni in futuro.

Una buona educazione fa diventare il mastino napoletano un ottimo compagno, mentre un'educazione imperfetta lo può rendere un animale non adatto alla convivenza

Esercizio: non toccare

- Il cane vi sta davanti, con il guinzaglio agganciato al collare.
- Fategli cadere sulle zampe un oggetto qualunque. Istintivamente il cane vi dirigerà il muso, per, eventualmente, appropriarsene.
- Tirate il guinzaglio e dite: "No".
- Ripetete l'esercizio e vi accorgerete presto che il cane resta indifferente alle tentazioni che gli mettete sotto il naso, persino se lo allettate con una bistecca succulenta.

Il cane non deve entrare in casa infangato

Per quel che riguarda i cani che entrano in casa dal giardino infangati e che sporcano l'interno, non esistono tante soluzioni. O li pulite prima di farli entrare in casa o prevedete un locale nel quale possono asciugarsi. Infine, il guinzaglio vi evita di spostarvi per niente. Vi aiuta, in ogni circostanza, a non perdere il tempo in vani sforzi che rischierebbero di essere interpretati dall'animale come prova di debolezza.
Il guinzaglio vi permette di spostarvi per agire in modo efficace. È l'unico strumento che corregge i comportamenti inappropriati che impediscono al cane di far progressi.

Controllate i vostri gesti fin dall'inizio

Per prevenire brutte reazioni del cane verso gli estranei, dovrete abituare il cucciolo fin dalla più tenera età a non essere spaventato dalle mani.
Altrimenti rischierete di vederlo reagire a morsi ogni volta che qualcuno lo vuole accarezzare. Ci sono dei cani che adottano questo comportamento aggressivo e di solito si dice che siano cani cattivi.
Un comportamento del genere viene persino aggravato dall'atteggiamento del padrone che avverte, con fierezza: "Non si avvicini, potrebbe darle un

Esercizi di attesa, indispensabili per una corretta educazione

1

2

morso". Sono i padroni così che complicano i rapporti fra uomini e cani: non solo non hanno educato il cane, ma si comportano anche con compiacenza davanti alla sua aggressività. Come se fosse naturale!

Il risultato è che si chiede a una donna, a un uomo, persino a un bambino, non solo di non avere fiducia, ma anche di aver paura dei cani.

È una cosa mostruosa, e tanto più stupida in quanto esiste un modo semplice di evitarlo. Anche in questo caso bisogna lavorarci molto presto e abituare il cucciolo a essere toccato con le mani in tutto il corpo; perché non abbia paura delle mani degli uomini e interpreti male l'intenzione di fargli una carezza, è molto importante che il cucciolo prenda in un primo tempo confidenza con le vostre mani.

Se utilizzate le mani solo per picchiarlo, ne avrà paura, e temerà quelle di qualsiasi essere umano.

Le mani non devono essere una minaccia

Analogamente, se non l'avete mai abituato a essere toccato con le mani, rischierà di avere problemi quando vorrete lavarlo o quando lo porterete dal veterinario per visitarlo o curarlo. Le mani non devono rappresentare una minaccia. Esse devono costituire prima di tutto un legame affettivo fra il padrone e il cane. Quando si tratta di dare prova

A cinque o sei mesi il cane cercherà di imporsi. È fondamentale non lasciarsi intimidire e dimostrargli chi comanda realmente. Tuttavia dovete avere il controllo sul cane senza coercizioni fisiche o uso del guinzaglio; per esempio la sequenza mostrata non è quella corretta per farsi ubbidire

1

2

Esercizio: non aver più paura delle mani

- Sedetevi tenendo il cane fra le gambe.
- Accarezzategli il capo accentuando progressivamente il movimento delle carezze. Dovete far andare delicatamente le mani dall'alto verso il basso, con regolarità.

di autorità, se non di punire, lo ripeto, lo spago o il piccolo guinzaglio che tirate quando volete ottenere qualcosa è l'ideale, perché permette di ottenere un risultato immediato e senza usare la violenza.
Che coloro che picchiano il cucciolo con la mano meditino su questo consiglio!

Non bisogna mai usare le mani per punire un cane?

Non è una questione così semplice. C'è anche un problema di rapidità della punizione. Usare il guinzaglio o lo spago per punire mentre si educa il cane è una cosa.
Nella vita di tutti i giorni e quando bisogna reagire immediatamente, le cose cambiano.
Comunque, questa domanda è per me l'occasione per richiamare un'idea preconcetta molto diffusa fra la gente; infatti, spesso si consiglia vivamente di non picchiare il cucciolo con la mano ma di usare un bastoncino o un giornale. A due cani che si battono non verrebbe mai in mente di andare a cercare un pezzo di legno per mettere fine al conflitto! Perché usare un oggetto sostitutivo?
Certo è preferibile non usare troppo spesso le mani per rimproverare un cane, ma sappiate che il tempo che vi serve per andare a prendere un giornale è già troppo lungo. Bastano pochi secondi perché la punizione sia differita, e quindi resa inutile; il cane non collegherà la sciocchezza che ha fatto con la punizione.
La mano possiede almeno il vantaggio di dare una punizione immediata. Per quel che riguarda un cucciolo o un cane adulto che mostra una naturale paura davanti ai movimenti delle vostre mani, dovrete procedere a un piccolo lavoro di decondizionamento.
L'accentuare i movimenti gli dimostrerà che non ha niente da temere e che è in buone mani. Se il lavoro è ben fatto, mani estranee non rischieranno, in seguito, di essere interpretate dal cucciolo come minacce. Così chiunque potrà accarezzare il vostro animale senza rischiare una brutta reazione da parte sua.

L'incontro con un cane sconosciuto

Se non conoscete le reazioni del cane che volete accarezzare, vi consiglio di presentargli il palmo della mano, perché possa annusarlo, prima di fargli una carezza. In ogni modo, sia con il vostro cane sia con quello di un altro, muovetevi con una certa delicatezza e non fate mai gesti bruschi o violenti, altrimenti spaventerete il cane, o addirittura lo traumatizzerete. Il controllo di se stessi è indispensabile quando si è fatta la scelta di educare un cucciolo. Date l'esempio!

Il gioco è un'attività essenziale

Dovete imparare a osservare il cucciolo: rispettate i suoi momenti di riposo, non stancatelo imbottendolo di informazioni che, invece di familiarizzarlo

In occasione di un primo incontro, è buona norma tenere il cane al guinzaglio anche se si è in uno spazio aperto e sicuro

con l'ambiente, potrebbero, per stanchezza, scatenare brutte reazioni. Per evitare ciò, potete, tra un esercizio di educazione e l'altro, invitarlo a giocare. Non è altro che una maniera diversa di continuare a casa vostra quello che ha fatto nelle prime settimane di vita, quando giocava con i fratelli e le sorelle.

Nel gioco si instaura un sano rapporto tra padrone e cane. Trovare il tempo di giocare con lui, accarezzarlo, magari solo per due o tre minuti, permette di smorzare delle situazioni di tensione che rischiano di tramutarsi in conflitti.

Il gioco deve cessare quando lo decide il padrone

A partire dal secondo mese di vita potrete cominciare a giocare con lui riprendendo in questo modo il lavoro di educazione che aveva cominciato la madre.

Per esempio lo sgriderete quando mostrerà la tendenza a mordere, e lo farete in modo più simile possibile a quello che ha conosciuto: potete prenderlo per la pelle del collo, sollevarlo un pochino, come farebbe la madre. Potete anche smettere di giocare e ignorarlo: il cucciolo rimarrà deluso e si renderà conto nello stesso tempo che avete smesso perché lui ha morso.

Ma soprattutto non dovete lasciare che morda quando è piccolo, con la scusa che deve farsi i denti o dicendo a voi stessi, inteneriti, che passerà.

Mordere, per un cucciolo, prima di essere un mezzo espressivo, è soprattutto una maniera di affermarsi. Il cucciolo deve capire che non si morde mai l'uomo, che gli è proibito.

Bisogna anche chiarire che il gioco deve smettere perché è il padrone che ha deciso così: ciò

vi permette ancora una volta di dimostrare la vostra autorità.
È importante anche non accettare sempre di giocare con lui.
Il cucciolo non deve sollecitare continuamente la vostra complicità, deve imparare a vivere la propria vita.
Educare bene il cane, è prima di tutto saper dire di no.

Il cucciolo che distrugge i suoi giocattoli

Il cucciolo fa a pezzi i giocattoli perché ha bisogno di mordere.
Quando il cane è piccolo, gli vanno dati perché non usi i denti sui mobili. Un cane giovane ha bisogno di mordere.
Molli o duri, tutti i giocattoli vanno benissimo, ma anche un bastone o uno straccio sono altrettanto efficaci.

Suddividere i giocattoli tra i vari cuccioli

Se un cane vive con un altro cane, è un piacere vederli rotolare per terra, giocare mordersi, ma anche in questo caso bisogna saper dire "basta". Per non far finire i giochi in risse, non dovete mai perdere di vista il vostro ruolo di capobranco.
I consigli da seguire quando si hanno molti cani restano sempre gli stessi: non dovete rispondere a tutte le loro richieste. Fate esattamente come i cani dominanti, che ringhiano per mostrare ai loro simili che non è il momento di giocare, con l'unica differenza che voi non ringhierete ma li terrete a distanza!
Se fra i vostri cani ce n'è uno dominante, regolerà da solo il problema e voi non avrete altre preoccupazioni. Ma se fra i cani non ce n'è uno dominante, se l'ordine gerarchico non è stato stabilito, si batteranno per un giocattolo e in questo caso toccherà a voi fare in modo che cessi il conflitto.
Non si può davvero dire, sulla carta, come reagiscono i cani.

Da ricordare

- Associate sempre un gesto o un'azione a un comando.
- Siate pazienti e non dimenticate che i problemi non si risolvono mai con la violenza.
- Non ricompensate il cane durante un esercizio.
- Il padrone è unico: nessun altro deve prentendere di essere obbedito.
- Il cane deve capire che non si mordono gli uomini, che è proibito.

Il cucciolo, tramite il gioco, impara tutto ciò di cui in futuro avrà bisogno per vivere

Per un branco ben costituito, un semplice giocattolo è l'ideale. Basta che uno dei cani che vuole recuperare la palla ringhi perché il suo simile gliela lasci. Se avete dei cani di carattere, cani molto possessivi, rispettati come dominanti, che non si fanno avvicinare da altri animali e che piuttosto di cederla terrebbero la palla in bocca per tutto il giorno, allora sta a voi giocare il ruolo di arbitro, in modo che il cane dominante non abbia il possesso esclusivo dei giocattoli.

Giocare con altri cani è una elemento indispensabile nella maturazione del cane

L'ora dei pasti

L'ora giusta per dare da mangiare al cane

Bisogna evitare di dare al cane abitudini molto rigide. Alla cosiddetta ora del pasto rischierebbe di rendervi la vita impossibile, quando siete un po' in ritardo. La situazione potrebbe ben presto degenerare e divenire ingestibile. Dunque non dategli mai da mangiare a un'ora fissa. In secondo luogo, bisognerà dargli da mangiare sempre dopo che avete terminato di mangiare voi. Farlo mangiare per primo potrebbe dargli l'impressione di essere lui il dominante, infatti il cane discende dal lupo ed è quindi regolato da un istinto di branco e questo implica una struttura gerarchica.

Rispettatela. Il padrone, che è anche il più forte, mangia per primo, e non deve farsi scocciare dal cane che reclama. Se insiste, mandatelo via e fatelo tornare, per esempio, nella sua cesta. Anche l'animale avrà il diritto di mangiare, a condizione che gli rimangano gli "scarti" del pasto del padrone. Ecco come gli deve essere presentata la situazione. Non ha bisogno di sapere che andate regolarmente a comprargli le crocchette!

Mantenete quello che ha imparato nelle prime settimane di vita: venire dopo i più forti di lui e accontentarsi di quel che gli si lascia.

Quando avrete finito di mangiare, solo allora potrete riempirgli la ciotola e lasciare la stanza. Siccome al cane non piace essere guardato mentre mangia, fate sempre attenzione che stia da solo al momento del pasto. Questo è essenziale.

Infine, ci tengo a insistere sul fatto che non bisogna mai dare da mangiare al cane fuori dalla

Dividere il cibo tra cuccioli non è un problema. I conflitti sorgono da adulti

sua ciotola! Mi sarei volentieri astenuto da dare un consiglio del genere, talmente mi pareva evidente, ma il mondo è vario e ci sono persone che non si sentono affatto a disagio a dare da mangiare al cane sulle piastrelle della cucina, in un piatto di plastica oppure fuori, sulla gradinata esterna del giardino, per esempio, perché si sa benissimo che Medoro non lascia una briciola quando mangia... Allora perché far la fatica di servirlo in una ciotola, che poi bisogna pulire?

Non cadete in questa forma di pigrizia mista a disprezzo. Il vostro cane non è un paria, per meritarsi questo trattamento. Aggiungo che, anche se si è comportato male, non è questo il modo di punirlo, ve ne sono ben altri! L'umiliazione non è mai una buona soluzione.

Per rafforzare la gerarchia il cane deve percepire il suo pasto come una concessione degli "avanzi" del suo padrone

La frequenza dei pasti

Il cane è il mammifero che ha lo stomaco più piccolo.

È quindi importantissimo non servirgli pasti troppo frequenti né razioni troppo abbondanti.

Per un cane giovane vanno bene tre pasti al giorno, cosa che gli eviterà di aver lo stomaco vuoto e gli farà conoscere a volte cos'è la fame. Per un cane che comincia ad avere una certa età, riducete la frequenza dei pasti: due ciotole al giorno sono sufficienti.

La razione va divisa in due, così il cane avrà maggiore possibilità di assimilarla.

Alcuni cani si accontentano anche di un pasto al giorno. Se avete intenzione di fare lavorare il cane, non dategli da mangiare prima dell'esercizio, e neanche nelle tre ore che lo precedono. A stomaco pieno rischia di avere il voltastomaco e soffocare.

Se prevedete sin dal mattino che il cane si dedicherà a certe attività nel pomeriggio, eliminate il pasto del mattino, conservatelo per la sera. Nel caso in cui, per ragioni di tempo, non riusciate a dargli più di un pasto al giorno, scegliete quello della sera.

Poi lo porterete fuori a fare i suoi bisogni, così passerà una nottata tranquilla, cosa fondamentale per una buona digestione.

Dopo che ha mangiato, fate sempre in modo che il cane sia più possibile tranquillo.

La giusta durata dei pasti

Se, dopo dieci o quindici minuti, il cucciolo non ha ancora toccato cibo, non fatene un dramma, non cercate di incoraggiarlo, di vantare le qualità nutrizionali di questo o quell'alimento, tentando di fargli capire che se non mangia si perde qualcosa di squisito. Non arrabbiatevi, rimanete indifferenti.

Non mangia? Bene, toglietegli la ciotola e gliela ridarete al pasto successivo. Se si tratta di un cane che mangia solo una volta al giorno, gliela metterete da parte per il giorno dopo.

Soprattutto bisogna evitare che il cane mangi continuamente, durante il corso della giornata, e all'ora che piace a lui. Dovete fargli capire subito che casa vostra non è un albergo. È il modo di fare migliore. Vive insieme al padrone, al suo superiore, ed è lui che decide dove e quando può mangiare.

Un cane che ha la ciotola a disposizione per tutto il giorno è un po' come un uomo che spiluccasse per tutto il tempo!

L'apparato digerente dell'animale lavorerebbe senza mai riposarsi per tutta la giornata e la conseguenza sarebbe una cattiva digestione. Seguite il mio consiglio e vedrete che nel giro di tre o quattro giorni il cane prenderà l'abitudine di mangiare quando gli mettete davanti la ciotola.

La scelta del cibo adatto

Potete scegliere fra due tipi di alimentazione:

- L'alimentazione casalinga, costituita da pasti preparati in casa a base di carne e verdure.

Non bisogna esagerare con i bocconcini, scalateli dalla sua razione quotidiana

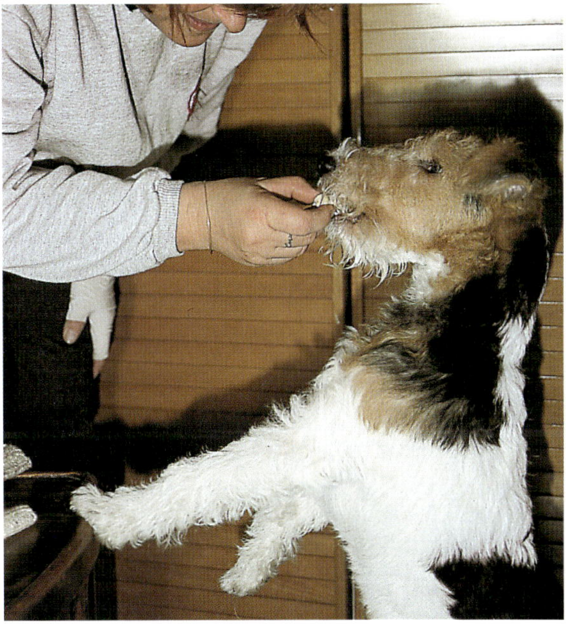

■ L'alimentazione industriale, composta da alimenti umidi (scatolette) e secchi (crocchette). Oggi, in termini di apporto nutritivo, si sa che l'alimento canino ideale è quello secco, perché si è riusciti a concentrare in questa razione alimentare molto piccola l'energia necessaria allo sviluppo ottimale del cane. Merita sottolinearlo, tanto più se si ricorda che il cane è il mammifero che, rispetto alla sua taglia, possiede lo stomaco più piccolo. Per esempio, un cane di 60 kg avrà lo stomaco tre volte più piccolo di quello di un uomo dello stesso peso.

Quando si nutre un cane è quindi importante dargli il massimo di energia in una razione il più ridotta possibile. È esattamente quello che fanno le crocchette che, per la loro componente secca, conservano meglio le vitamine e gli aminoacidi. Spesso la gente pensa che il cane abbia più fame di quanta ne ha veramente, pensa che quel che gli si dà da mangiare sia insufficiente, e ne aggiunge dell'altro. Non solo è inutile, ma fa anche male al cane, che finisce per mangiare più di quanto ne abbia voglia, mettendo a rischio la digestione. Tutto perché il padrone ha gli occhi più grossi della pancia del suo cane!

Evitate prodotti contenenti troppi cereali non cotti, ricchi di amido, perché il cane li digerisce molto male. Quando comprate le crocchette, meglio se nei negozi specializzati, scegliete quelle ricche di carne o riso. Fatevi consigliare da un negoziante esperto.

Informatevi sulla digeribilità della marca che scegliete, sapendo che un prodotto di ottima qualità possiede una digeribilità media dell'80%.

Fate sempre in modo che sia solo mentre mangia

L'acqua sempre a disposizione

Avere sempre una ciotola d'acqua a disposizione è indispensabile, addirittura vitale. L'acqua è il più importante nutrimento, quello a cui dovete fare più attenzione. Per un cane, l'idratazione è di primaria importanza, e basta il 10% di disidratazione perché sopraggiunga la morte.

Dovete sapere che la massa di un cane è composta per il 70% di acqua e un cane ben idratato si ammala molto meno di un cane che non beve abbastanza. Ecco perché dovete sempre fare attenzione a lasciargli a disposizione una ciotola d'acqua pulita e fresca, in modo che il cane possa bere regolarmente.

Quando gli fate fare degli esercizi prolungati all'esterno, vi consiglio di portare sempre con voi una ciotola, che riem-

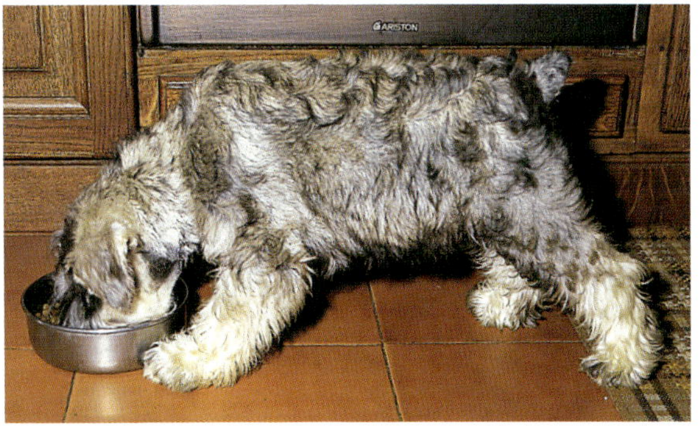

Lasciate sempre l'acqua a disposizione, una disidratazione del 10% provoca la morte

pirete di acqua in modo che il cane possa rinfrescarsi, riuscendo così a far abbassare la sua temperatura corporea.

Alternare diversi tipi di cibo?

Non rompetevi la testa a variare i menu e cercare quello che stimoli di più il palato e il gusto del "signorino". Sarebbe come cedere ancora una volta alla seduzione dell'antropomorfismo, il maggiore difetto dei proprietari di cani.

A questo punto apro una parentesi per dire che questo modo di sostituirsi al cane fino al punto di voler sentire tutto quel che sente e credere che abbia gli stessi bisogni che abbiamo noi, è un errore madornale e provoca comportamenti aberranti. Il cane non è un essere umano e non ha le stesse necessità!

Non preferisce certo dormire su un letto piuttosto che per terra, non vorrebbe mangiare paté di foie gras invece di crocchette, non ha freddo quando dorme fuori, non festeggia il Natale, e nemmeno il compleanno, una bella ciotola d'argento gli fa lo stesso effetto della sua vecchia ciotola ecc.

Quindi non cercate di pensare al posto suo e di fare per lui quello che fareste per voi, non serve a niente. Sappiate che il cane non ha bisogno di cambiare menu. Si accontenta di cibo secco, che è quello che apprezza di più.

Quando si tratta di alimentazione, ma d'altronde anche in altri settori, mi sono reso conto che spesso sono i padroni che cercano di far piacere a se stessi! Desiderano fare sacrifici per il proprio cane, far vedere che si preoccupano per lui, sperando in qualche modo di guadagnare i suoi favori.

Assolutamente proibito: il cane finirà per prendere tutto ciò che si trova sul tavolo

Quando hanno a che fare con un caso difficile, cercano di allettarlo o semplicemente di discolparsi perché gli danno da mangiare solo crocchette. Come se fosse un sopruso! Il pasto a base di crocchette è il migliore, il più equilibrato e il più apprezzato dal cane.
Se avete dei problemi con il cane, se ha un carattere difficile, credete, non dipende dalle crocchette! Cercate di risolvere il problema, se ce n'è uno, e continuate a nutrirlo esclusivamente con cibo secco. Ciò vi permetterà di non essere al servizio del cane (rispetto della gerarchia) e nello stesso tempo eviterà che digerisca male la nuova alimentazione, nel caso vi prendesse la folle voglia di cambiare, e soffra in breve di carenze nutrizionali, cosa che avviene sistematicamente quando si nutre un cane con gli avanzi di casa.
Per concludere, per far piacere a voi stessi, vi andate a complicare la vita e soprattutto gli create solo problemi. Aggiungo che se, malgrado tutto quello che vi ho appena detto (e ci sono persone testarde), vi ostinate a variare l'alimentazione del vostro cane, almeno facilitategli le cose. È un grosso sforzo quello che gli chiedete: pensate a fargli seguire una dieta di transizione, che almeno gli risparmierà le diarree.

Il cane che non apprezza il cibo propostogli

Sconsiglio assolutamente di cambiarlo. Agendo in questo modo la paghereste molto cara... All'inizio il cane potrebbe rifiutare di mangiare un certo cibo in scatola o secco. Allora gli proponete un altro tipo che sembrerà apprezzare per quin-

L'animale giovane ha molto più bisogno di cibo dell'adulto

dici giorni, ma poi vorrà cambiare e questa storia andrà avanti prima ogni quindici giorni e poi ogni settimana... perché non servirgli il pasto direttamente nella cuccia, dato che ci siete!

E solo quando il signorino lo reclama, per favore! Vedete bene che è una cosa assurda, per non dire insensata.

Al vostro cane non piace quello che gli proponete? Peggio per lui, ci si abituerà.

Il cane elabora degli enzimi che gli permetteranno di digerire l'alimento. La loro produzione richiede un tempo abbastanza lungo, ecco perché quando il cucciolo sarà soddisfatto della marca di crocchette che avete scelto, non la cambierete più.

Non preoccupatevi mai di quello che preferisce, ma di quello che gli fa bene alla salute. Insegnate al cane a mangiare.

Come stabilire il peso ideale rispetto alla taglia

Logicamente il peso dipende dal tipo di cane, dal suo aspetto esteriore.

Non si può mai stabilire un peso ideale, ma sappiate piuttosto che non gli si devono vedere le costole, non le si devono sentire quando lo si tocca, tranne che in certe razze nelle quali si deve solo intravedere l'ultima.

Vedrete subito se il vostro cane ha una tendenza ad appesantirsi, se gli manca il fiato e se l'andatura, che deve essere elegante, è pesante, non è sciolta e si trascina.

Soprattutto controllate il peso dell'animale: il sovrappeso corporeo può influire sulla salute del cane. Per pesare il cane

Un cane ben educato dovrebbe accettare senza lamentele che tocchiamo il suo cibo

Il pasto che diamo ai nostri cani deve essere energetico ma in una razione più ridotta possibile

usate questo metodo: pesate prima voi, poi salite sulla bilancia con il cane in braccio. La differenza tra la prima e la seconda pesata corrisponde al peso del cane.

L'ordine di precedenza nei pasti

Se si hanno più cani, spesso si consiglia di far prevalere l'anzianità. Che il cane più anziano vada servito per primo è una regola che non viene mai messa in discussione, tanto si è persuasi della sua validità, ma sulla quale, secondo me, vale la pena di soffermarsi.
A mio parere, se si favorisce un cane piuttosto che un altro, si rompe la gerarchia interna che si è creata fra i cani, per sostituirla con una nuova da noi imposta, che non è necessariamente quella naturale.
Ecco perché consiglio di dar loro da mangiare contemporaneamente e uno vicino all'altro. Noterete che sono essi stessi che rispettano il loro posto e vi risparmierete di dover fare da carabiniere. Io penso che sia giusto metterli in una condizione di uguaglianza.
Nutrire per primo il dominante non fa altro che rafforzare il suo stato di dominanza. Se il dominante è sempre privilegiato rispetto all'altro o agli altri, il suo complesso di superiorità diventa ancora più forte; al contrario, quello che è sottomesso lo sarà ancor di più e rischierà di diventare introverso e pauroso. Infine, quando si hanno molti cani, spesso ci si accorge che l'ambito in cui si hanno meno difficoltà a educarli è quello dell'alimentazione, perché incombe sempre la paura che l'altro venga a mangiare nella propria ciotola. Si crea una specie di competizione: così si spiega perché inghiottono il pasto molto rapidamente. Solo il dominante, in generale, può permettersi di prendere tutto il tempo che vuole, perché nessuno oserà attaccare la sua ciotola. Altrimenti, si sa che la ciotola dell'altro è sempre la migliore, anche se il contenuto è identico. Se uno dei cani fa finta di aggiudicarsi la parte del vicino, sgridate il colpevole (tirando la cordicella) e rimettetelo davanti alla sua ciotola.

Il cane che ringhia quando mangia

Non tollerate che il cane ringhi se lo si disturba mentre sta mangiando. Assolutamente no. Ripeto, siete a casa vostra. Il posto dove il cane mangia è sotto il vostro tetto. Voi siete il padrone, siete voi che comandate, il cane, invece è tollerato. Lo dico una volta per tutte. Il giorno in cui l'animale vi porterà un contributo mensile, allora potrà dire la sua! Ma per il momento, non la-

Sembrano identici, ma tra di loro esiste una gerarchia già stabilita

Un cane ben educato non chiede mai il cibo (sempre che non sia famelico). Sa aspettare con pazienza

Le confezioni di cibo pronto, sia secco che umido, contengono utili informazioni sulle dosi da somministrare

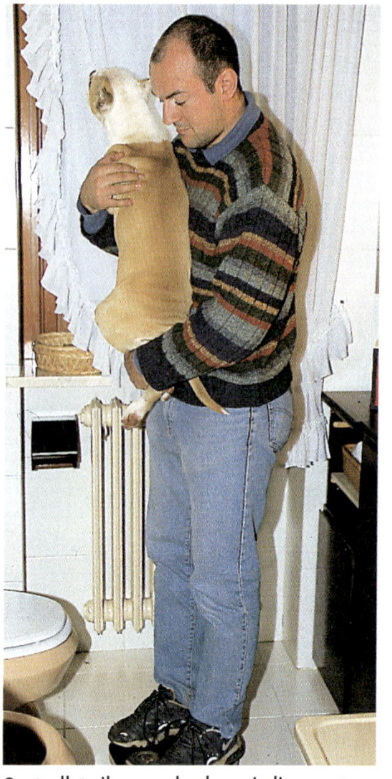

Controllate il peso salendo periodicamente sulla bilancia con il cane in braccio

sciate che sia lui a prendere il sopravvento. Partite sempre dal principio che il padrone deve poter comandare il cane in ogni momento. Quando il cane mangia, deve poter mettere le mani nelle crocchette, mescolarle, e il cane deve stare zitto: è una cosa fondamentale. L'obbedienza del cucciolo si ottiene attraverso degli esercizi particolari (*vedi* gli esercizi presentati nei box).

Esercizio: non ringhiare quando si mangia (1)

- Prendete una sedia, mettetevi a sedere di fianco a lui mentre mangia, accovacciatevi, se preferite.
- Fatelo mangiare con il guinzaglio, accarezzatelo mentre mangia... Non deve avere reazioni di alcun tipo, non deve essere di cattivo umore. Deve accettare la vostra autorità senza condizioni.
- Rendete l'esercizio un po' più complicato allontanandolo gentilmente dalla sua ciotola. Ditegli: "Vieni", in modo che smetta di mangiare. Se non reagisce toglietegli la ciotola per qualche istante, poi ridategliela.

Esercizio: non ringhiare quando si mangia (2)

Prendete posto di fianco a lui e accarezzatelo mentre mangia. Così facendo gli fate assimilare le regole di obbedienza, riaffermando nello stesso tempo la vostra autorità. Se gli mostrate chiaramente che la ciotola è la vostra prima di essere la sua, eviterete che possa mordere un bambino che ci gioca.

Sappiate che non è affatto normale che un cane ringhi quando ci si avvicina alla sua ciotola. Non prendetelo in giro, ma non trovate neppure motivi per lusingare il vostro ego, del tipo: "Il mio cane è un duro, non si lascia far niente, sa difendersi". I cani che ringhiano sono spesso cani che provengono da rifugi, trovati per strada, che non sono abituati a mangiare tutti i giorni. I cani di taglia grande in piena crescita, che hanno fame, non sono mai accomodanti quando si tratta di mangiare. Ringhiare quando si mangia è anche un test per mettere alla prova il padrone, per osservare la vostra capacità di dominare e vedere se cedete oppure no. Il vero obiettivo di tutto questo è spodestarvi, rubarvi il posto da padrone! Non lasciateglielo fare. Per finire, controllate le razioni del vostro animale: un cane che ringhia quando mangia può semplicemente essere un cane che non viene nutrito a sufficienza.

I pasti in caso di assenza prolungata

Se dovete assentarvi per ventiquattro ore o meno, date da mangiare al cane prima di uscire, altrimenti fatelo al vostro ritorno. Un cane può stare tranquillamente senza mangiare per ventiquattro ore, all'unica condizione di non scordarvi di riempirgli la ciotola di acqua fresca.

Il cane ha un'ottima capacità di resistenza! State tranquilli che non morirà! Oltre le ventiquattro ore, vi dovete premunire in modo che una persona, per esempio un vicino di casa, gli dia da mangiare e lo porti a spasso tutti i giorni. Potete anche lasciarlo a casa di amici o parenti. Qualsiasi cosa decidiate di fare, non lasciate mai il cane solo a casa per più di ventiquattro ore. Ve lo sconsiglio vivamente, anche se si ha a disposizione un giardino, una vaschetta per i bisogni o un distributore automatico di cibo. Non è assolutamente una cosa da fare. Dovete organizzarvi in altro modo. Per quanto riguarda il distributore automatico di cibo regolato da un interruttore a tempo e composto da vari scompartimenti, non c'è niente di meglio per turbare completamente il cane. Se ne utilizzate uno, non dovrete lamentarvi se il vostro animale poi ulula come un ossesso giorno e notte e vi devasta l'appartamento.

Da ricordare

- Non date da mangiare al cane a ore fisse.
- Lasciatelo solo quando mangia, e controllate che sia tranquillo dopo mangiato.
- Il cibo secco (crocchette) è il miglior alimento per cani.
- Fate attenzione che beva a sufficienza.
- Non lasciatelo solo per più di ventiquattro ore.

L'ora di dormire

Il luogo giusto per dormire

Ho già ricordato rapidamente l'importanza del posto che assegnerete al cane sotto quello che deve restare il vostro tetto. Considerando che il luogo dove passerà la notte sarà anche (dovrà esserlo!) quello in cui, durante la giornata, andrà a riposarsi, a volte a dormire, o a stendersi quando voi vorrete stare tranquilli e gli direte: "Vai a fare la cuccia", osservate una regola fondamentale: è essenziale non sistemare la sua zona "nanna" in un punto strategico della casa. Per esempio, evitate il fondo di un corridoio che dà sulla sala, o sulla camera da pranzo. O un posto su cui si affacciano delle camere da letto o un salone. Perché?

Non ponete la cuccia nella vostra camera né tanto meno lasciate dormire il cane nel vostro letto

Semplicemente perché dareste all'animale una possibilità insperata di "controllare" con un semplice sguardo tutta la famiglia. Di conseguenza, ogni volta che gli si passa sotto il naso, si ha la sgradevole impressione di dover rendere conto a lui. Si ha paura di disturbare il cane quando fa la siesta, si teme di innervosirlo quando si è appena calmato, manca poco che non gli dobbiate chiedere l'autorizzazione

di attraversare quello che sarà diventato il suo territorio, la sua torre di controllo, la sua piazzaforte.
Non dimenticate nemmeno che al giorno d'oggi viviamo in una società in cui tutta la famiglia va a lavorare: il padre e la madre sono al lavoro, i figli a scuola, e il cane si ritrova solo in casa.
In fin dei conti è quello che sta in casa per la maggior parte della giornata, ogni giorno. Manca poco a che si ritenga lui il padrone di casa... se poi gli offrite un posto di suo gradimento e dove ha la sensazione di "controllare" quel che accade anche quando ci siete voi, state attenti, potrebbe essere un disastro!
Assegnando al cane un posto lontano dal passaggio, che potrebbe benissimo essere un angolino della sala, da dove il cane non potrà tenervi sempre d'occhio, eviterete sin dall'inizio di offrirgli, semplicemente perché non ne conoscete la psicologia, un'occasione di avere ascendente su di voi. Il posto migliore a me pare la cucina, ma non tutte le cucine si prestano, e quindi non sempre è possibile.

È bene educare il cane fin da cucciolo che certi luoghi gli sono proibiti

Non bisogna sempre dare una "cesta" al cane

Non direi proprio! Siamo ancora in pieno antropomorfismo! La verità è che, comprando una bellissima cesta o un magnifico cuscino, si fa prima di tutto piacere a se stessi e non si vuole vedere che il cane se ne infischia altamente! Anzi, spesso si constata che va a dormire da solo di fianco al famoso oggetto che immaginiamo lo affascini e gli dia il massimo di comodità. Sta altrettanto bene per terra, sopra una coperta, un cuscino, o persino senza niente. Lo ripeto ancora una volta: il cane non ha le stesse necessità dell'uomo. Per lui la cesta è una specie di optional, un giocattolo, e ciò spiega perché quando è stressato o nervoso spesso si sfoga con questi oggetti.
È un giocattolo a cui voi sembrate tenere particolarmente, e quindi, quando è arrabbiato con voi, lo distrugge con tutta la forza dei suoi denti. Siete liberi di ricomprargliene una immediatamente, se vi fa piacere!

Il dramma della prima notte: anche se piange, non portatelo nella vostra camera

Dormire fuori anche quando fa molto freddo

Quando mi si domanda fino a che temperatura può resistere un cane che passi la notte fuori, io rispondo: "A meno 40 °C". Capisco che può scioccare, ma fare un intervento educativo è ben diverso dal fare dell'antropomorfismo.

In generale è il padrone che sente freddo per il cane. Cede ai suoi piagnistei e lo lascia rientrare in casa. Allora ha perso la battaglia.

A meno che non possediate un cane a pelo raso, quindi più sensibile al freddo di quelli a pelo lungo, che traggono vantaggio da una protezione naturale, il vostro cane, che sopporta i grandi freddi può, se lo decidete, passare fuori tutte le notti.

Da ricordare

- Il cane non deve dormire in un posto che gli permette di controllare la vita della famiglia. Siete voi il capobranco, non lui.
- Non fate mai dormire il cane in camera da letto.
- Il cane non ha bisogno né di una cesta, né di un cuscino. Può dormire anche a terra.

La vita quotidiana

L'igiene

Meno lavate il cane, meglio è. Lavandolo troppo spesso, si creano dei problemi cutanei di cui l'animale potrebbe difficilmente liberarsi, soprattutto se non si usano shampoo specifici per cani.

Un cane deve fare lo shampoo due volte l'anno.

Essendo naturalmente protetto da uno strato di sebo, secreto dalle ghiandole sebacee, i lavaggi frequenti fanno diminuire questo strato protettivo, fino a eliminarlo del tutto, con grave rischio di malattie. Alcune razze di cani, come gli husky, possiedono un pelo autopulente e possono quindi fare a meno dello shampoo.

Provate ad andare in un bosco col vostro husky quando piove, fatelo giocare nel fango, poi tornate a casa e sarete piacevolmente sorpresi di riscontrare che dopo un'ora è pulito come prima.

Il bisogno di mordere

Il cucciolo, come i bambini, ha dei denti da latte che perde quando ha da tre a sei mesi. Durante la dentizione, come un bambino, ha dolore e sente quindi il bisogno di masticare e di rosicchiare per accelerare la sostituzione dei denti da latte, la cui caduta è provocata dalla nascita di un nuovo dente, che prende il suo posto. I denti non cadono tutti nello stesso momento.

1

2

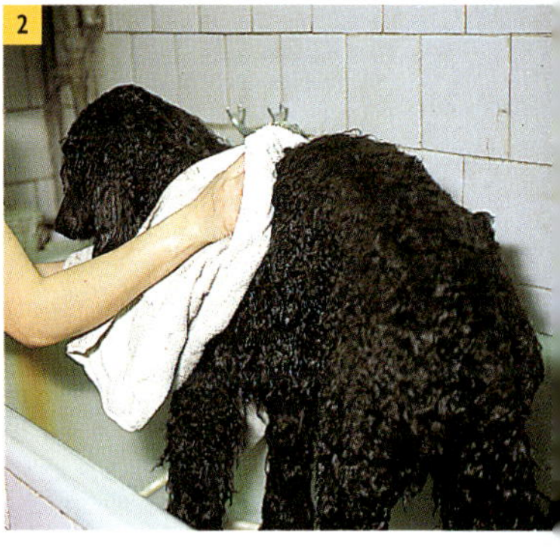

Un bagno due volte all'anno con lo shampoo specifico è il minimo, uno al mese il massimo

È importante che il cane eserciti le mandibole, soprattutto da cucciolo

Pensate a quanto è perfetta la natura: non solo quando cade un dente da latte il dente definitivo è già uscito, ma, oltretutto, i denti non cadono tutti nello stesso momento, e questo evita che il cucciolo, sdentato e abbandonato a se stesso, non sia più in grado di alimentarsi. Ora che lo sapete, fate in modo che il cucciolo abbia un giocattolo adatto alle sue necessità e siate indulgenti con lui.
Il cucciolo ha bisogno di mordere, non è particolarmente affezionato a certe cose. Di solito, prende dei vestiti che avete toccato o indossato, perché sono impregnati del vostro odore. Ciò dimostra più un certo attaccamento al padrone, anche una forma di amore, piuttosto che di aggressione. Ecco perché bisogna dar prova di fermezza più che di collera.
Offrendo al cucciolo una scelta di giocattoli, lo distogliete dai mobili e dai divani. Se insiste a farsi i denti sugli angoli del tavolo, avvolgeteli di cartone, di un vecchio tessuto o di gommapiuma coperta di nastro adesivo. Perché il trucco sia più efficace, spalmate il tutto di senape o peperoncino! E dopo questo trattamento non venite a raccontare che il cucciolo rosicchia ancora i mobili, perché non ci credo!
Ultimo consiglio: non aspettate che abbia rovinato i mobili per decidervi, folli di rabbia, a proteggerli. Prima di tutto sarà troppo tardi, poi, quando si educa un cane, non si deve agire guidati dalla collera.

Che cosa può mordere

Se lasciate che il cane morda qualsiasi cosa, lui ne deduce che è permesso farlo. Ecco perché bisogna, più rapidamente possibile, dargli delle proibizioni, garantendogli tuttavia il piacere di mordere.
Ancora una volta, vi sarà di grande aiuto quel pezzetto di spago che gli fa da guinzaglio; per fargli capire che non si deve fare i denti su quell'og-

getto o quell'altro, date un colpetto secco allo spago, mentre gli dite: "No".

Offritegli in cambio un pezzo di straccio e giocate con lui qualche minuto. Il cane si appassionerà allo straccio e di conseguenza distoglierete la sua attenzione dall'oggetto minacciato. Una cosa è certa: dovrete passare parecchio tempo con lui prima di togliergli la voglia di mordere.

Poco per volta, quando il cane avrà bisogno di mordere un oggetto, prenderà l'abitudine di preferire lo straccio. Consiglio di dargli uno straccio piuttosto che un giocattolo, perché uno straccio viene visto dal cane come una preda che si muove e quindi morderlo soddisfa il suo istinto di cacciatore.

Le scarpe sono tra gli oggetti più appetibili per un cane, perché hanno l'odore del padrone. Dovete insegnargli a non toccarle

Moltissimi cani amano le calzature...

Anche in questo caso è questione di cattiva educazione da parte del padrone. Rimediarvi è molto semplice: proibite al cane, sin dai primi giorni, di mangiare le scarpe, e mostratevi fermo, anche se attacca le scarpe vecchie, perché lui non fa alcuna differenza tra vecchie e nuove.

Il cane lasciato solo in casa

Quando avete adottato il cane e l'avete fatto entrare sotto il vostro tetto, avete riallacciato quel cordone ombelicale che era stato tagliato dalla madre. Va benissimo, ma attenzione! Se vi mostrate eccessivamente attaccati al cucciolo, rischiate di rafforzare troppo questo legame, e ciò può far nascere moltissimi problemi.

Al momento dello svezzamento, la madre ha già assolto il suo dovere, ha fatto cioè capire al cucciolo che deve vivere

In commercio esistono una miriade di giochi e giocattoli per cani adatti a tutte le esigenze

la sua vita e non sempre dipendere da lei. Bisogna ora continuare il suo lavoro: sin da quando è molto piccolo, abituate il cane ad accettare certe separazioni insegnandogli subito a stare da solo.

Otterrete in brevissimo tempo che il cane non faccia grosse sciocchezze quando non ci siete. Abituatelo alla vostra assenza. Prima, tanto per cominciare, a un'assenza breve, di mezzora, un'ora. Poi di due ore. Ogni volta il cane vedrà che ritornate regolarmente, che non l'avete abbandonato. Dopo qualche volta, non avrà più paura dell'abbandono e voi potrete andarvene, anche per un periodo più lungo, tranquillamente. D'ora in avanti, dato che sarà stato abituato, restare solo non sarà più un problema, né per lui né per voi.

Ci sono però alcune regole da rispettare scrupolosamente.

Se dovete assentarvi di casa per un periodo indeterminato, state attenti prima di tutto a non rendere la partenza un rito: non date importanza all'evento, altrimenti rischiate di renderlo inquieto. Dovete dare l'impressione di partire come se sarete di ritorno fra due minuti. Ignoratelo. Questo si può fare con più naturalezza possibile. Se volete fargli festa, sbrigatevela venti minuti prima di partire e non all'ultimo momento, proprio al momento della partenza.

Non deve associare la festa che gli fate, le coccole o certe parole, all'avvenimento, perché in questo caso gli lascereste una sensazione di amarezza, simile alla frustrazione.

Certo, se vi assentate per un periodo relativamente lungo, non dimenticate di uscire prima con lui, in modo che faccia i suoi bisogni. Fate in modo che il cane sia indipendente da voi: è il modo migliore per prevenire "incidenti".

Come leghereste il cane per un periodo mentre siete assenti, non esitate a legarlo quando siete a casa, soprattutto se ha fatto delle sciocchezze.

È un metodo efficace per impedire che si appropri del vostro domicilio, che occupa ventiquattro ore su ventiquattro, al contrario di voi, cosa che spiega perché gli succede di non rispettare i vostri averi.

E siccome, oltretutto, sappiamo che il cane non è particolarmente affezionato a certe cose...

Il cane abbaia quando è solo

Il cane abbaia perché è spinto da un senso di abbandono, unito alla paura di stare solo. Si mette a ululare con l'intenzione di raggruppare il branco smembrato, assente, partito per andare al lavoro, a scuola. Per rimediare a questo problema, si raccomandano spesso varie soluzioni, fra cui l'acquisto di un collare antiabbaio. Il principio di questi collari sta nell'emettere degli ultrasuoni fastidiosi per l'animale (che cessano se il cane smette di abbaiare), o far fuoriuscire un getto di citronella (i cani ne hanno orrore) ogni volta che il cane abbaia.

È efficace per alcuni cani che non sono stati educati ma, personalmente, sono contrario al loro uso. Infatti questo metodo sopprime il fastidio senza eliminare il problema: se il cane abbaia perché ha paura, il collare sopprime l'abbaio ma non la paura. E il cane si trova dop-

Anche se il cane assume un'espressione affranta quando uscite di casa, abituarlo a restare solo è necessario per prevenire futuri problemi

piamente sopraffatto: d'ora in poi sarà completamente sconvolto perché non potrà nemmeno esprimere la sua paura. Ripeto ancora: se il cane è abituato sin dalla più tenera età a restare solo e ad aspettare tranquillamente il ritorno del padrone non succederà niente di tutto ciò.

LASCIARE LA RADIO O LA TELEVISIONE ACCESA PER RASSICURARE IL CANE

Il cane è regolato da un istinto di branco, di gerarchia, fatto che spiega la sua angoscia quando si trova solo e una certa forma di presenza può rassicurare i cani nervosi o angosciati. È spesso il caso dei cani stressati dopo un lungo soggiorno in un rifugio.

Una presenza sonora, una televisione accesa, possono essere in effetti di grande conforto per l'animale.

Potete anche dargli un vostro oggetto personale, una maglietta impregnata del vostro odore, per esempio, che, quando uscite di casa la mattina, gli lascerete trascinare qua e là e che andrà a cercare per dormirci sopra.

Se e come punire il cane

È troppo tardi. Al cane vanno date le regole prima, non dopo. Se lo picchiate tutte le volte che tornate a casa, assocerà la punizione al vostro rientro, e ciò gli creerà, poco per volta, una paura.

Il padrone si sfoga senza risolvere il problema. Il cane, da parte sua, non è particolarmente affezionato a certe cose. Inoltre ha già scordato quello che ha appena devastato.

Ecco perché non capisce la collera del padrone. La cosa migliore da fare rimane sempre ignorarlo.

Certo non è logico, ma è l'unico modo per cercare di tornare indietro e rettificare il lavoro che non è stato effettuato precedentemente.

Stando da solo, il cane imparerà a non essere sempre dipendente dal padrone

Quando andate via il cane è pervaso da un senso di abbandono e può reagire intristendosi o abbaiando per tutto il tempo

Come premiarlo quando si comporta bene

Se il cane è abituato a non fare sciocchezze, non vedo nessun motivo per saltargli addosso ad abbracciarlo, tranne che per far piacere a se stessi. Non siate sorpresi, poi, se lui vi salta sistematicamente addosso e sporca il vostro abito migliore o il vostro tailleur elegante ogni volta che tornate dal lavoro. Ancora una volta, non punitelo: ignoratelo. Appoggiate le vostre cose, fate quello che avete da fare e pazientate ancora cinque minuti prima di fargli una coccola.

Il cane vede che avete un comportamento da padrone perché adottate una certa riservatezza davanti a lui e che, in un certo modo, gli mostrate che non è lui il centro del mondo. Sarà sensibile alla maturità che dimostra il padrone e si sentirà meglio.

Da ricordare

- È inutile fare lo shampoo al cane più di due volte all'anno. Il lavaggio con acqua è sufficiente.
- Date al cucciolo un giocattolo da masticare.
- Insegnategli sin dalla più tenera età a restare solo.
- Se il cane fa una sciocchezza senza che voi ve ne accorgiate sul momento, non lo punite ma ignoratelo.
- Lasciare la radio o la televisione accesa quando uscite può alleviare l'attesa del cane.
- Comportatevi naturalmente prima di ogni uscita, e ricordatevi di provvedere in anticipo alle necessità fisiologiche del cane.

L'ora della passeggiata

Scegliere il collare e il guinzaglio

Per il cucciolo, un collare di tela o cuoio all'inizio è ampiamente sufficiente. Più avanti, a seconda della razza e della taglia, si preferirà un tipo di collare o un altro, come la catenella in metallo o il collare a strangolo, se si tratta di un cane grosso. Tanto per dargli le prime basi, gli farete portare il collare anche in casa per due o tre giorni; in seguito, non è indispensabile.
Dotatevi di un guinzaglio lungo 1,5 m e di un guinzaglio lungo 7-8 m con moschettone (da utilizzare in spazi privati o aree dedicate ai cani) per imparare a camminare e a obbedire ai comandi di base, come "Al piede" e "Fermo", che verranno descritti meglio in seguito. Bisogna sapere che se non mettete il guinzaglio al cane, non avete alcun controllo su di lui e quindi si permetterà di disobbedire, di non rispettarvi. Se invece scegliete

Il collare non deve essere né troppo stretto, né troppo largo: lasciate spazio sufficiente perché, tra il collare e il collo, ci stiano due dita

un guinzaglio troppo corto, lo metterete in uno stato di tensione permanente e gli verrà voglia solo di correre, ecco perché consiglio di usare il guinzaglio da 1,5 m, che gli permette di avere una libertà controllata, ma anche uno spazio da rispettare intorno al padrone. In città questo guinzaglio eviterà che importuni i passanti e gli garantirà un perimetro di spostamento sufficiente.

Evitate i guinzagli avvolgibili, che sono totalmente da bandire durante il periodo dell'educazione.

Il passaggio dal piccolo guinzaglio di spago al guinzaglio vero e proprio non deve costituire per lui un problema, sia perché è abituato sin dalla più tenera età ad avere qualcosa appeso al collare sia perché questo passaggio avverrà con molta naturalezza. Alcune persone mi confidano, con aria indispettita, che il loro cane "non sopporta il guinzaglio". Sempre questa trappola, vecchia come il mondo, che fa cadere nell'antropomorfismo. Il mio consiglio è semplice: non chiedetegli il suo parere!

Se avete dato una buona educazione al cane, il guinzaglio sarà per lui sinonimo di piacere, protezione e rilassamento.

Gestire la prima uscita

Il cucciolo rischia di essere turbato sin dalla sua prima uscita, perché non conosce l'ambiente. Si pone parecchie domande e questo spiega perché i suoi primi passi fuori dall'ambiente che conosce sono sempre pieni di inquietudine. Se si abita in campagna, la cosa migliore è di lasciare libero il cucciolo. Non vi preoccupate, vi seguirà: avrebbe troppa paura di perdervi. Più l'ignorate, più farà attenzione a voi, perché ha bisogno della vostra protezione. In città, dovete mettergli il guinzaglio. Siate calmi e pazienti. Più siete calmi, più il cane farà affidamento su di voi. Se siete sicuri di voi stessi, non vi preoccupate del cane.

Appena comincerete a ignorarlo, sarà lui a guardarvi e a osservare il vostro comportamento. Noterà che non siete agitato, si rilasserà e supererà le difficoltà. Se date segni di inquietudine, facendo attenzione a tutto quello che incontrate sul vostro percorso, il cane potrebbe invece essere turbato. Se vi gettate sul cane per dirgli:

Le prime passeggiate consentiranno al cane di conoscere l'ambiente e fare nuove scoperte

Il cane ha paura?

Non occupatevi di lui. Lasciategli aver paura. È abbastanza intelligente da capire, dopo un po', se c'è o no un motivo per aver paura. A mano a mano che uscirà e farà nuove scoperte, l'ambiente gli sembrerà sempre meno ostile e sarà più disteso.

"Non aver paura" ogni volta che una persona apre un ombrello o che una bici vi sfiora andando a tutta velocità, sentirà che non siete sicuro di voi e quindi ne dedurrà che le sue paure sono giustificate. Continuate su questa strada e il cane diventerà pauroso per colpa vostra.

Non passate poi tutto il tempo che siete fuori ad accarezzare il cane: è una pessima abitudine che, in seguito, vi potrebbe giocare brutti scherzi. Lo accarezzate per dirgli: "Sono qua, sta tranquillo perché ti proteggo io", mentre lui interpreta la carezza come un segno di pericolo: "Hai ragione ad avere paura, per questo sono gentile con te". Vedete bene, ancora una volta, com'è facile non capirsi! Allora, per evitare malintesi, lasciatelo semplicemente vivere la sua vita.

Per il cane è fondamentale conoscere più ambienti possibile. Il mare, per esempio, all'inizio può spaventarlo

Infine, sappiate che il cucciolo scopre luoghi completamente sconosciuti. È nello stesso tempo scombussolato e angosciato. Soprattutto non dovete pretendere che sin dalle prime uscite cammini al vostro fianco, sarebbe stupido e inutile. Dovete, prima ancora di insegnargli a camminare, lasciargli fare le sue scoperte e fargli assimilare i nuovi spazi.

Il comportamento durante le uscite

Fate capire bene al cane, all'esterno come all'interno, che il padrone siete sempre voi, e non dimenticate mai che il comportamento del cane riflette in modo assai sorprendente quello del padrone. Anche in questo caso dovete comportarvi da capobranco: bisogna che il cane senta comunque la vostra autorità. È lui che deve camminare al vostro ritmo, e non viceversa.

È buona norma che il cane non tiri il guinzaglio. Se tira, cercate soprattutto di non accelerare il passo perché allora penserà di poter gestire la situazione e tirerà ancor di più. Inoltre, sappiate che più tenete stretto il cane, più tenderà a tirare. Non è questo il modo di risolvere il problema, lo si peggiora soltanto.

Abbiamo detto prima che se avete la tendenza a lasciare il guinzaglio, il cane si sentirà liberato dalla pressione e farà di testa sua. Tenere stretto il cane è un modo di trasmettergli la vostra ansia riguardo ai pericoli esterni: rischio di aggressione da parte di altri cani, motoveicoli ecc. Il cane rimane dunque in stato di vigilanza permanente. Dato che ha dei dubbi sull'affidabilità del padrone, immagina che sia suo dovere difenderlo, e lui stesso diventa ansioso e di conseguenza aggressivo. È per questo che alcuni cani mordono, semplicemente a causa del cattivo comportamento del padrone. Infatti, quando il cane comincia a tirare il guinzaglio, vi consiglio di fare la stessa cosa, indietreggiando leggermente di tre o quattro metri. Nello stesso tempo ditegli: "Al piede", in modo che capisca che anche voi siete capaci di tirare. Ma soprattutto non prendete il cane in braccio!

Spesso i proprietari hanno talmente paura che il loro cane

Se passeggiate in campagna, non serve trattenere il cane al guinzaglio, vi seguirà

possa correre qualche pericolo che lo tengono rannicchiato nelle braccia! È il modo migliore per mostrare che voi stessi siete paurosi, insicuri, e che non avete la stoffa del capobranco: mettete a nudo le vostre debolezze. Sappiate che prendendo un cane in braccio, finirete per creare un animale caratteriale, pauroso, e spesso pronto a mordere. Agendo così, gli impedite di scoprire serenamente un ambiente che sarà per lui sempre più ostile, a causa del rifiuto e della cattiva impressione che se ne fa... per colpa vostra.
L'abbiamo visto proprio all'inizio di questo libro: il cane ha un enorme bisogno di scoprire, e il più in fretta possibile.
Prenderlo in braccio falsa il rapporto cane/padrone e va ancora oltre: anche il rapporto fra l'animale e i suoi simili sarà falsato. Senza contare che, comportandovi così, fate di lui un essere posto sotto tutela e il giorno in cui si troverà a fronteggiare un pericolo qualunque, e voi non potrete prenderlo in braccio, fuggirà o farà qualsiasi altra sciocchezza, preso dal panico.

Da ricordare

- Usate un guinzaglio di 1,5 m e un guinzaglio lungo (da addestramento) di 7-8 m di lunghezza (in spazi privati).
- In campagna è inutile tenere il cane al guinzaglio. In città, invece, glielo dovete mettere.
- Non prendete mai il cane in braccio durante la passeggiata.
- Lasciategli scoprire l'ambiente: in questo modo ne farete un cane calmo e sicuro.

Non permettetegli di tirare quando è al guinzaglio

Tre esercizi indispensabili per uscite gradevoli

Le basi dell'educazione si trasmettono attraverso tre esercizi fondamentali:

- la marcia al passo;
- il richiamo: "Al piede";
- il richiamo: "Fermo".

La marcia al passo

Perché il cane cammini di fianco a voi, occorrerà insegnargli due esercizi elementari: camminare in linea retta senza che vi sorpassi e percorrere un quadrato. Questo esercizio, che si rivela relativamente impegnativo per l'animale, dovrà essere fatto per due o tre minuti, non di più, parecchie volte al giorno.

Lavorando poco e spesso, otterrete sempre risultati migliori. E soprattutto non dimenticate di lavorare con calma.

Lavorare in questo modo permette di rendere il cane attento alla vostra volontà, ma anche ai cambiamenti di direzione.

Il cane deve capire che non vi può sorpassare, altrimenti voi lo tirerete e lo farete arretrare. Questa tecnica vi eviterà di ripetere l'errore comune che è di camminare dando degli strattoni continui. In tal caso il cane non presta più attenzione e continua a tirare. È inutile abusare della propria autorità. Quello che desidera il cane è lasciarsi andare, sgranchire le zampe.

Non vedo a cosa serva far camminare sistematicamente al piede durante la passeggiata. Si vedono troppe persone che tirano il guinzaglio quando il cane si ferma all'angolo di un muro per annusare. Chi fa la passeggiata? Il cane o il padrone? Non dimenticate che l'odorato è il senso più sviluppato per un cane, il più raffinato, che sente molte più cose di noi. Annusare fa parte del

Mantenere il passo è un esercizio che stanca il cane. Lasciate che dopo corra liberamente

Se ben educati più cani possono passeggiare assieme

suo piacere, della sua passeggiata. Allora camminate piano e passeggiate. Lasciategli il tempo di vivere, il tempo di annusare, di raspare...

Appena il cane avrà acquistato padronanza di questi esercizi e li eseguirà senza alcuna agitazione, avrete presto o tardi la brutta sorpresa di vederlo distratto dalla presenza inaspettata di uno o più cani, se non di un ciclista o di un bambino che gioca a pallone.

All'improvviso il cane dimentica gli insegnamenti e decide di testa sua di andare incontro a quella che per lui è una fonte di interesse. Allora tira il guinzaglio, insiste e ringhia.

Ricordate che durante la passeggiata al cane va lasciato il tempo di annusare, raspare ecc.

Per evitare questo tipo di problema, è importante sin d'ora anticipare le sue trasgressioni. Vi servirete della partecipazione di un parente o di un familiare, per fare l'esercizio proposto.

Se vi sembra che questi esercizi siano al limite del puro e semplice sadismo, dovrete ricredervi! Non cadete in un sentimentalismo che non mancherebbe, in seguito, di tornare a vostro svantaggio. Il mio consiglio è che è meglio mostrarsi relativamente severi i primi mesi che scaricare con violenza i propri nervi sull'animale adulto, dopo avergli lasciato la possibilità di fare qualsiasi cosa. Spingere il cane all'errore in ogni esercizio resta il metodo migliore di fargli vedere che deve obbedire in tutte le circostanze.

Esercizio: camminare al piede percorrendo un quadrato

- Delimitate un quadrato.
- Tenete il guinzaglio lento.
- Percorrete insieme due o tre metri.
- Se tenete il cane a sinistra, girate a destra.
- Fate altri due o tre metri, girate a destra e così via.
- Ogni volta che girate, date uno strattone al guinzaglio.

Non lasciate che si distragga durante gli esercizi

Esercizio: non lasciarsi distrarre quando si cammina

- Camminate al piede, in linea retta, mentre il vostro complice, due o tre metri di fronte al cane, cammina all'indietro.
- Il vostro amico chiama il cane, comando che voi contraddite, chiamandolo voi stesso al piede. Ci sono molte probabilità che il cane sbagli e non vi ascolti, che reagisca al comando del vostro complice e non al vostro. La punizione deve essere applicata immediatamente: indietreggiate bruscamente col cane di tre o quattro metri.
- Se siete solo, potete benissimo prendere una palla, dire al cane di venire al piede e gettare la palla davanti a lui.
- Se si precipita per andare a prendere la palla, gli direte "No" e indietreggerete di qualche metro.

Il richiamo

Prima di cominciare a insegnare il richiamo, dovete lavorare per una quindicina di giorni senza cercare risultati immediati. Convincetevi che quello che conta, prima di tutto, è che il cane impari. Questa è la ragione per cui il tirocinio va fatto con la mente libera e tranquilla.

Non perdete di vista il fatto che, durante tutto il periodo dell'insegnamento, il cane si sforzerà di mettervi alla prova per conoscere i vostri limiti. L'obiettivo è di ottenere dei risultati nel giro di quindici giorni senza più ricorrere al guinzaglio lungo, perciò bisognerà far capire bene al cane che, se obbedisce, avrà diritto alle carezze, e che, al contrario, sarà punito. Lo scopo è avere una relazione privilegiata con il vostro cane e non perdere tempo a innervosirvi e a trasformare la passeggiata in incubo, sia per voi sia per l'animale.

Se lo lasciate senza guinzaglio, non avrete alcun mezzo per agire su di lui e l'insegnamento all'obbedienza fallirà.

Il cane pauroso si rifugerà sempre tra le vostre gambe per trovarvi protezione, mentre quello di carattere forte farà di testa sua. Con il guinzaglio lungo gli lasciate uno spazio di circa una quindicina di metri intorno a voi. Appena il cane avrà registrato bene l'informazione, tornerà di fianco a voi e potrete complimentarvi con lui. Ripetete questo esercizio parecchie volte, e il cane capirà che al comando "Al piede" deve tornare vicino al padrone.

Non ricompensate mai immediatamente l'animale con un dolce o un pasticcino se ha lavorato bene: è il minimo che dovete aspettarvi da lui! Anche in questo caso ricompensarlo è un modo di far piacere a voi stessi, e non è una buona tecnica di educazione. Se volete assolutamente dargli una ricompensa, lasciate passare almeno mezz'ora.

Un guinzaglio lungo 7-8 metri darà al cane una libertà controllata

Esercizio: il richiamo

- Trovate uno spazio verde, tranquillo, abbastanza esteso.
- Procuratevi un guinzaglio lungo da addestramento, di 7-8 m, in modo da dare al cane una libertà controllata. Così potrà muoversi abbastanza a suo agio, pur essendo recettivo ai comandi del padrone.
- Durante la passeggiata, chiedetegli ogni tanto di tornare.
- Non mostrate mai nervosismo nei comandi che date.
- Parlate sempre con calma in modo da esprimere una certa sicurezza.
- Siate gentile nella voce e fermo con il guinzaglio: in questa maniera compensate l'una con l'altro ed equilibrate la famosa bilancia che descrive perfettamente il lavoro di educazione.
- Dite "Al piede" tirando al contempo il guinzaglio lungo, in modo da indietreggiare.
- Avreste potuto dire al cane: "Padella" o "Moto", per lui non avrebbe fatto differenza. Il cane ha bisogno di capire, e senza che vi innervosiate. Tirando il guinzaglio, avete collegato una parola a un'azione: il cane capisce che volete che vi stia di fianco.
- Se il cane ha bisogno di più tempo per capire, continuate a indietreggiare fino a ottenere quel che vi aspettate da lui.

"Al piede"

È una frase magica indispensabile nell'insegnamento del richiamo.

"Al piede" nel linguaggio del padrone come in quello del cane, deve significare "Vieni qui e siediti. Se non ti siedi non hai finito il lavoro". Soprattutto non mettetegli la mano sul sedere per mostrargli che vorreste che si sedesse. Se fate così, siete voi che l'aiutate a sedersi, un errore che il cane saprà sfruttare molto bene rifiutando d'ora in avanti di sedersi da solo. Il cane deve essere in grado di comprendere il comando e obbedire, quindi di sedersi senza che

Parlate sempre con molta calma al vostro cane

Esercizio: "Al piede"

- Tenete il cane con il guinzaglio lungo.
- Dopo aver richiamato il cane vicino a voi, ripetete: "Al piede".
- Se non si siede, dategli un piccolo strattone, ripetendo: "Al piede". Capirà molto presto che deve sedersi al vostro comando

L'esercizio termina quando il cane si siede

dobbiate preparargli voi il lavoro! E poi, attenti a non corrergli dietro! Il cane lo prenderà come un gioco, sarà persino contento che gli corriate dietro.

Fate attenzione: alcuni cani si mettono al piede a 50 cm, se non a due o tre metri, dal padrone. Non dovete assolutamente accettare che faccia così e avvicinarvi voi all'animale, anzi, dev'essere il contrario. Dovete indietreggiare e ripetere il comando.

Lavorate su questo esercizio per una quindicina di giorni e non fidatevi se il cane fa finta di non averlo assimilato: barare rimane sempre un suo modo tipico di rimettere in questione l'ordine stabilito. Nel corso delle passeggiate successive, potete allentare il guinzaglio lungo (senza toglierglielo) e lasciare che il cane passeggi. Se obbedisce al richiamo, complimentatevi calorosamente con lui. Se non obbedisce gettategli addosso il collare. Il cane capirà una volta per tutte che, se obbedisce, ha diritto alle carezze, e che se disobbedisce o collabora poco, ci sarà il collare di addestramento per punirlo. A mano a mano che continuerete con gli esercizi, non avrete più bisogno del guinzaglio lungo. Quando il cane non verrà tenuto al guinzaglio, non avrete più un sistema di repressione diretta su di lui. L'astuzia sta nel tenere nel cavo della mano il collare di catena vecchia che agiterete un po' quando l'animale sarà svogliato. Esso reagirà al rumore del collare, si ricorderà della paura che evoca in lui e si piegherà finalmente al vostro comando.

Questa reazione dimostrerà che il collare di addestramento sarà stato perfettamente assimilato al richiamo. Con il tempo abbandonerete il collare di ferro vecchio e lo sostituirete con oggetti che vi sono

Alla fine di ogni esercizio ben riuscito, congratulatevi con il vostro cane

Il collare di catena vecchia

Durante una passeggiata, prendete un collare di catena vecchia e gettatelo delicatamente sul posteriore del cane. Lo scopo non è fargli del male, ma sorprenderlo. Al cane non piace avere un oggetto addosso senza poterne identificare la provenienza. È sorpreso, perché sente un rumore e, nello stesso tempo, ditegli: "Al piede". Offeso, il cane collega il rumore del collare al richiamo. D'ora in poi avrà paura del rumore del collare, che non sa in che momento gli cadrà addosso. Quando raccogliete il collare il cane vi guarda e capisce che siete voi che glielo avete gettato.
Gettare un collare di catena vecchia sul posteriore di un cane non piace ad alcuni miei clienti, che ci vedono una forma di dolce barbarie. Cerco in tutti i modi di spiegare che è assolutamente innocuo (non si tratta, infatti, di lanciare il collare sconsideratamente, ma di provocare nel cane una presa di coscienza, di correggere certi suoi difetti), eppure non riescono ad accettare l'idea di eseguire l'azione essi stessi. Può darsi che anche voi, i primi giorni, non vediate troppo di buon occhio questo collare ma, considerando il tempo che vi farà risparmiare in seguito, vi ricrederete.

Conduzione senza guinzaglio

Esercizio: per richiamare un cane distratto

- Mettetegli un guinzaglio lungo e lasciatelo correre.
- Quando sarà rilassato, chiamatelo. Stavolta non vi darà soddisfazione perché è distratto da altri cani. (Lo disturbate per così poco!!)

Ma l'ultima parola deve essere la vostra.

- Prendete in mano con fermezza il guinzaglio, spostatevi, e, come quando si cammina, indietreggiate tirandolo.
- Ripetete: "Al piede".
- Fatto questo, accarezzate il cane e rilassatelo in modo che possa tornare a giocare con gli altri cani.
- Lasciatelo cinque minuti, poi richiamatelo di nuovo.

più abituali, purché rumorosi, come un mazzo di chiavi, per esempio. Alla fine di ogni esercizio riuscito brillantemente, non dimenticate di complimentarvi con il cane. Solo in questo momento potete accarezzarlo.

Per richiamare un cane distratto

Succede, a volte, anche se gli si è data una buona educazione, che si richiama il cane e lui ci ignori perché la sua attenzione è stata assorbita da qualcos'altro, un altro cane per esempio.

Ottenere il richiamo in queste condizioni è la cosa più difficile. Ecco perché lavoro su questo aspetto solo alla fine dell'addestramento. Come per gli altri esercizi, lavorate con calma e in un ambiente che non metta agitazione. Ripetete l'esercizio per tre o quattro volte e vedrete che nel giro di pochissimo tempo il cane imparerà a venire immediatamente. Capirà da solo che il richiamo al piede non rappresenta in alcun modo una proibizione (in questo caso di giocare

con gli altri cani), perché ogni volta che è venuto, voi l'avete accarezzato e gli avete detto: "Puoi tornare a giocare". Dirgli di riprendere il gioco che sta facendo è in questo caso di estrema importanza. È ciò che lo porterà a ritornare al piede quando gioca con gli altri cani. Non avendo niente da temere al ritorno, interromperà tranquillamente il gioco quando sembrerà opportuno a voi.

"Fermo"

Partite di nuovo con l'idea di non ottenere subito dei risultati, ma di spiegare al cane quel che vi aspettate da lui. Liberate la tensione che avete dentro.
Se siete angosciati all'idea di lavorare su questo esercizio che vi pare complesso, il cane non obbedirà. L'arte del buon insegnamento sta soprattutto nel non cedere al nervosismo. Come per i richiami, dovete lavorare poco e spesso. Nel corso della passeggiata, vi limiterete a tre o quattro richiami. Se ne avete il tempo, l'ideale sarebbe insegnare al cane questo comando due volte la mattina e due il pomeriggio; aiutatevi con l'uso del guinzaglio lungo anche per insegnare il comando "Fermo".
Non fissatevi sul fatto che commette un errore di disob-

Esercizio di "Fermo" senza guinzaglio

bedienza: se continuate a ripetere il comando, il cane capirà che non siete sicuri di voi. È quando il cane farà un errore e noi lo faremo tornare al suo posto, che comprenderà che non deve farlo. Allora ripetete il gesto, l'azione, ma non il comando. Limitatevi al più semplice: "Seduto", "Fermo" e "Andiamo". Certo è un lavoro che richiede un po' più di pazienza rispetto al richiamo e all'esercizio "Al piede", soprattutto se si ha a che fare con cani nervosi o instabili. Durante questi apprendimenti elementari, che devono essere fatti con dolcezza, non allontanatevi mai troppo dall'animale, la cui tensione rischia di rovinare l'esercizio.

In seguito, quando si sarà abituato, potrete complicare le cose, allontanarvi senza paura, nascondervi...

Andate avanti così per tre o quattro sedute al giorno e state attenti a non risalire verso il cane direttamente. Fate un percorso sinuoso, altrimenti il cane anticiperà il vostro ritorno e si muoverà vedendovi arrivare. Per questo motivo dovete evitare anche di richiamarlo. Accontentatevi di ignorarlo e prendete tempo, fatelo aspettare. Solo quando sarete di fianco a lui, potrete

Esercizio: "Fermo"

- Chiedete al cane di sedersi.
- Dategli il comando: "Fermo".
- Il cane non capirà necessariamente la prima volta. Se non si siede, dategli uno strattone.
- Quando è seduto, ripetete: "Fermo" e andatevene...
- ... Il cane è seduto, capisce che, se si muove, lo riporterete immediatamente al suo posto.
- Allontanatevi abbastanza da lui, in modo da non impedirgli di fare l'errore.
- Restate a portata di vista in modo che capisca che non c'è motivo per essere nervosi, che deve rimanere al suo posto e che voi non lo abbandonerete.
- Non si muove? Meglio così. Ma state attenti lo stesso che non sia solo una prova di sottomissione, nel qual caso lo indurrete a rialzarsi in modo da correggerlo.
- Se si muove, agite rapidamente: tirate subito il guinzaglio e riportatelo al suo posto.
- Quando il cane mostra di collaborare, incoraggiatelo: "Va bene", poi ripetete il comando "Fermo".
- Se l'esercizio si rivela troppo lungo, l'animale si muove. Intervenite immediatamente. Rendete progressivamente più difficile l'esercizio, migliorando i risultati.

Esercizi di "Seduto" e "Terra"

complimentarvi. Una volta acquisito il comando "Fermo", per ottenere risultati ancora più sicuri, vi consiglio di indurre in tentazione il cane, perché, nel corso della sua esistenza, sarà spesso messo a confronto con diversi interessi esterni. Meglio prepararlo sin d'ora. Aver fatto lavorare il cane in un'atmosfera tranquilla non vi garantirà di ottenere risultati in un ambiente agitato. Ecco perché restano ancora da fare alcuni esercizi. Niente di complicato, però. Il cane capirà che, anche se ha voglia di correre dietro alla palla, non deve disobbedire al comando. Potete anche domandare a un amico, a un bambino, di chiamare il cane, che "rimetterete in posizione" se si permette di muoversi. Ben presto vi accorgerete che tutti questi esercizi vi permettono di dominare meglio il cane, e di darvi piacere. Più controllerete il cane, meno il suo comportamento lascerà a desiderare, più il piacere di godere della sua compagnia sarà evidente.

Esercizio: non correre dietro a una palla

- Giocate per dieci minuti a palla col cane.
- Finiti i dieci minuti ordinategli di star fermo. Continuate a giocare da soli con la palla.
- Non esitate a lanciarla sotto gli occhi del cane.
- Se si muove, prendete il guinzaglio e obbligatelo a riprendere la posizione di prima: "Seduto, fermo".

La palla: ottimo strumento educativo

Giocate con il cane dopo aver terminato gli esercizi

Avanti, march!

Insegnare al cane a camminare al nostro fianco

Dopo aver praticato l'esercizio di camminare al piede, ora dovete essere in grado di voltare con il cane di fianco senza che vi intralci nei movimenti, magari quando il cane è un po' davanti a voi e volete girare a sinistra.
Sapete come succede... i piedi si ingarbugliano nel guinzaglio, per poco non si cade, ci si innervosisce con il cane il quale perde la padronanza e comincia a muoversi in tutte le direzioni complicando il vostro nuovo compito, che è... districare i piedi.
Ciò significa che l'esercizio di camminare al piede non è stato appreso in maniera impeccabile. Correggerete questo difetto camminando con lui e dandogli contemporaneamente dei colpetti a scatti proprio prima di girare, quindi di incrociare l'asse del cane. Gli direte in questo modo che avete la priorità su di lui e che vi deve cedere il passo.

Il comportamento con gli altri cani

Sin da quando è molto piccolo, fate in modo che il cucciolo venga a contatto con altri cani. Sapendo che i cani adulti non aggrediranno mai un cucciolo e non gli faranno del male, non correte alcun rischio. Oggi i cani non sono più abituati a vivere insieme. La famiglia si è sostituita al branco, e i cani si incontrano in posti diversi dalla loro casa, e questo fatto provoca conflitti di superiorità fra maschi. Un cane abituato sin dalla più tenera età a frequentare altri cani, sarà decisamente più socievole e in questo modo riducete al minimo i rischi di conflitto che possono nascere dagli incontri con altri consimili. Inoltre, con l'età adulta, il cane

I cani devono abituarsi a rapportarsi con i loro simili sin da piccoli

comincerà ad affermarsi e acquistare una certa maturità. Più sicuro di sé, non avrà alcun motivo per gettarsi sul primo venuto, anzi, il contrario. Se ha un carattere giocherellone, osserverete con grande piacere quando "fa quattro chiacchiere" con i suoi simili. Purtroppo, non va sempre tutto bene come si vorrebbe. Non si può impedire ai cani di mostrarsi aggressivi, perché alcuni di loro hanno un carattere dominante e vogliono a tutti i costi esercitare il loro potere su altri, ma si possono controllare e si può insegnare loro a non saltare addosso al primo venuto. L'insegnamento dei principi di obbedienza per mezzo del guinzaglio, come abbiamo visto prima, è in questo caso di importanza fondamentale.

Se il vostro cane è rissoso, avete molte probabilità che l'errore sia vostro! Ricordate che, sin da quando era molto piccolo, avete sempre mostrato agitazione e arricciato il naso quando si trattava di metterlo a contatto con altri cani.

Non bisogna stupirsi, allora, di avere un cane poco socievole, e che dovrà essere rieducato per insegnargli che non ha nulla da temere dai suoi simili.

Rifiutare un boccone appetitoso

Dovete essere capace di impedire in qualsiasi momento al cane di prendere un osso, un pezzo di cibo o altro che può rappresentare una minaccia. Per far questo, suggerisco sempre ai miei clienti di immaginare che il cibo sia avvelenato: se il cane l'inghiotte, muore.

È un esercizio da non affrontare prima che il cane abbia sei o sette mesi. Da allora, per far capire al cane che non deve prendere qualsiasi cosa da

I cani che crescono insieme da cuccioli difficilmente entrano in conflitto da adulti

Da ricordare

- Sin dalla più tenera età, fate in modo che il cucciolo venga a contatto con altri cani.
- Un cane aggressivo può essere educato: si può insegnargli a non saltare addosso al primo venuto.

terra, vi procurerete un guinzaglio lungo e un collare da lavoro. Insegnare a rifiutare del cibo appetitoso si può rivelare molto utile, in particolare per i cani da guardia, che non è raro che vengano avvelenati con dei pezzi di cibo offerti da malintenzionati.

Per evitare che succeda esiste un buon metodo soltanto: insegnare al cane a non mangiare tutto quello che gli è posto o gettato sopra il cancello della proprietà.

Per concludere: non preoccupatevi di tornare temporaneamente al guinzaglio lungo per lavorare di nuovo e approfondire alcuni esercizi che vi accorgete che non sono stati ben assimilati.

Esercizio: rifiutare un boccone appetitoso trovato in giro

- Lasciate il cane a casa o in auto, poi disponete sul luogo della passeggiata un pezzo di carne o di formaggio.
- Fatto questo, tornate dal cane e tenetelo al guinzaglio. Lasciate che passeggi liberamente, senza costrizioni.
- Ora dirigetevi verso il cibo. Appena il cane metterà il naso sul terreno, indietreggiate, tirate energicamente e dategli il comando di non toccare. Non lasciategli mai il tempo di prendere il bocconcino prelibato perché, quando se ne è impossessato, è troppo tardi.
- Quando vedete che abbassa il naso verso il cibo, punitelo.

Esercizio: rifiutare un boccone appetitoso lanciato

- Tenete il cane al guinzaglio di fianco a voi mentre un amico si mette a due o tre metri dall'animale, con un pezzo di carne in mano e fa finta di gettarglielo.
- Chiedete al vostro amico di ripetere più volte il gesto.
- Dite allora gentilmente al cane "Non toccare" ogni volta che ha intenzione di afferrare il pezzo di carne che gli viene lanciato per finta.
- Ripetete l'ordine a diverse riprese.
- Alla terza o quarta volta che il vostro amico avrà fatto finta di lanciare il cibo, dovrà, senza dire niente, lanciarlo veramente.
- Se il cane abbassa la testa, indietreggerete e tirerete energicamente ripetendo "Non toccare".
- Ricominciate questo esercizio molte volte, e il cane capirà che non deve prendere quello che viene lanciato davanti a lui.

La famiglia si allarga

L'arrivo di un altro cane

Inutile precisare che prima di accogliere un secondo cane dovete avere già educato il primo.
Procurandovi un secondo cane, modificate l'assetto del branco. Se la gerarchia ha una sua stabilità e continua a essere rispettata, non avrete vere preoccupazioni. Potete avere un cane molto contento di accogliere il nuovo arrivato, perché in lui vede un compagno di giochi, e in questo caso il vostro compito sarà di saper dire "basta", in modo che i cani non giochino tutto il giorno e non vi mettano a soqquadro la casa.

Primi contatti

Quando portate a casa un cucciolo, lasciatelo da solo con il cane adulto.
È lui che gli farà, in un certo senso, da guida. Inizialmente ringhierà, morderà, per indicare al nuovo cane quali sono le regole da rispettare all'interno del branco, ma vorrà semplicemente dire che gli sta assegnando il posto. Il vostro ruolo sarà solo quello di sorvegliarli con la coda dell'occhio senza farvi scorgere.
Interverrete, per esempio, sin dai primi ringhi, quando i rapporti cominceranno a degene-

L'arrivo di un altro cane non dovrebbe rompere la gerarchia esistente

rare o quando il cane vecchio cercherà di approfittare della sua posizione di anziano; al contrario, se si è troppo presenti, si impedisce che si instauri la scala gerarchica. L'intesa fra un cane adulto e un cucciolo nuovo arrivato generalmente pone dei problemi solo dopo un anno, epoca di transizione in cui il cucciolo si afferma e cerca di prendere il sopravvento sull'anziano. Anche qui dovete lasciar fare alla natura. Ora, il cane "vecchio" può decidere che quella è casa sua e considerare il piccolo nuovo né più né meno che un intruso. Può essere turbato dalla comparsa del nuovo arrivato e temere di perdere il suo posto nella gerarchia del branco.

Se prestate tutta la vostra attenzione al cane piccolo, rischiate di provocare gelosie e quindi risse. Il capobranco (all'occorrenza, voi) non deve accontentarsi di accarezzare le bestie: ha, prima di tutto, mansioni direttive. Spetta a lui prevenire i conflitti.

Ecco perché, in un primo tempo, dovete pensare di portare via tutti i giocattoli, ossi o palle che possono essere fonte di conflitti. Dovete prevedere al massimo quel che può diventare un problema, perché, una volta innescato il conflitto, è spesso complicato uscirne fuori, soprattutto se possedete due cani adulti.

Inoltre, se volete accarezzare i cani, la cosa migliore è comin-

Prima di adottare un altro cane dovrete aver educato il primo

ciare da quello più vecchio. Usate lo stesso sistema per quanto riguarda la ciotola: servite prima il più anziano. Se il cane più anziano ruba il cibo nella ciotola del più giovane, consiglio di spostare le ciotole, se non addirittura di isolare il cane giovane in modo che mangi tranquillamente. In qualsiasi ambito, pensate sempre a privilegiare il cane più anziano.

Ciò non vi dispensa, tuttavia, dal tenere il cane "vecchio" al suo posto, perché, a forza di usufruire di certi benefici, potrebbe approfittarsi della sua posizione privilegiata.

I cani sono furbi! Non favorite nemmeno uno dei cani offrendogli un piacere di cui è privato l'altro.

In assoluto dovete cercare di sforzarvi di far prova più possibile di imparzialità e attenetevi a questa linea di condotta: vostro compito è di evitare prima di tutto di creare delle gelosie, per cui date al secondo animale le stesse regole che avete dato al primo.

Per quanto riguarda le passeggiate, va bene farle insieme a entrambi i cani, ma consiglio anche di portarli fuori ogni tanto da soli.

Prendete un cane più sensibile di un altro: copierà tutto quello che fa il suo simile e quando si troverà da solo, sarà incapace di affermarsi, di accettarsi e quindi di gestire la situazione perché sarà stato sempre abituato a vivere con

Se i cani sono cuccioli, loro stessi stabiliranno una gerarchia

Nemmeno l'arrivo di un adulto dovrebbe creare molti problemi

l'altro. Dovete quindi insegnare ai due cani a vivere separatamente.

Non dovete abituare un cane a fare quel che vuole.

Le abitudini, per quel che riguarda i cani, sono una cosa molto brutta, sia che riguardino la ciotola, le sedute di addestramento, o altro.

D'altra parte non sono sicuro che siano una buona cosa nemmeno per gli uomini, ma questa è un'altra storia...

Per tornare ai cani, bisogna capire che le abitudini che si danno vengono recepite come impegni. Il giorno in cui non sarete capaci di rispettare uno o l'altro di tali impegni, il cane si sentirà disorientato.

Dare un'abitudine al cane, vuol dire anche offrirgli un'opportunità di anticipare l'ora o il quarto d'ora del pasto, della passeggiata, dell'obbedienza, cioè di tutte quelle informazioni registrate di cui potrà approfittarsi.

Prendiamo l'esempio dell'obbedienza, sappiamo che se lavorate sempre nello stesso posto, un campo di addestramento, per esempio, e non ripetete gli esercizi a casa, il cane finirà per obbedire soltanto quando è nel campo di addestramento, e mai in casa.

La stessa cosa succede se lavorate a casa e mai all'esterno. Quindi, evitate le abitudini!

L'arrivo di un cane adulto

Se il cane in questione ha avuto un passato buono, basterà che instauriate un rapporto di fiducia vivacizzandolo con passeggiate e giochi. Nel

È una buona idea far passeggiare i cani insieme: sono in grado di imparare le buone abitudini dai loro simili

giro di quindici giorni l'animale si sarà ambientato e si sentirà bene con voi.

I rapporti tra i cani vanno sempre tenuti sotto controllo perché non degenerino in rissa

Rieducare un cane

Ricredetevi, un cane prende molto in fretta delle abitudini e si adatta in modo sorprendente ad ambienti nuovi. Pensateci su! Se non fosse così, le pensioni sarebbero piene di cani infelici! Ora, anche se la vita del cane è stata caotica (maltrattamenti, abbandono o altro...), per rieducarlo bisognerà necessariamente che vi mostriate pazienti.

Sappiate sin d'ora che, dopo averlo preso, è meglio evitare di farlo lavorare per i primi dieci, quindici giorni, in modo che studi il nuovo territorio, il nuovo branco.

Dopo questo periodo, se il cane vede che vi mostrate troppo indulgente, cercherà di prendere il sopravvento, e questo sarà l'inizio dei primi conflitti.

Ricordatevi che un cane si rieduca sempre, non c'è alcuna ragione perché non possa essere decondizionato. Il tempo necessario a far ciò dipenderà dal suo carattere. Più sarà docile, più rapidamente riuscirà a essere rieducato.

Con un cane vittima di traumi, più lento a imparare, non bisognerà assolutamente innervosirsi né picchiarlo. Non fareste che ricordargli il suo passato e metterlo sulla difensiva; ma dovete sin dall'inizio essere coscienti che un cane difficile avrà bisogno di più rigore, investimento e pazienza per essere decondizionato.

Bisogna che dimostriate di avere mano di ferro e guanto di velluto. Il metodo migliore per decondizionare un cane, il metodo migliore di apprendimento, rimane quello di prendere un guinzaglio e andare a passeggiare tranquillamente con lui.

A partire da quel momento gli darete le stesse basi di educazione di un cane che non ha mai avuto problemi, anche se vi ci vorrà più tempo.

Tipi di coabitazione problematica

Far coabitare un cane adulto nuovo con un adulto vecchio rimane sempre una cosa deli-

Se il cane adulto mangia il cibo dei piccoli, sarà meglio separarli

La convivenza con altri animali è possibile, sempre che si consideri la necessità di un periodo di socializzazione

cata, per il desiderio di imporsi e dominare il territorio dei due animali.

Quando arriva un bambino...

Il neonato in sé non pone alcun problema, perché ha una capacità di movimento minima. Piccolo e inoffensivo, il neonato non sospetta nemmeno fino a che punto la sua comparsa può sconvolgere l'equilibrio del cane. Ma se succede qualcosa che non va, la maggior parte delle volte la colpa ricade sui

L'arrivo di un neonato non crea generalmente problema di convivenza

padroni e sulla loro ignoranza. Quasi sempre, infatti, sono loro che turbano il cane decretando, per esempio, in una forma di panico, che l'animale rappresenta un improvviso pericolo per il neonato, o squadrandolo con l'aria inquisitrice di chi vuol mettere a nudo le intenzioni inconfessabili dell'altro.

Per favore! I cani non hanno fatto proprio niente per meritare un tale voltafaccia e una tale sfiducia nei loro confronti. Se desiderate che la coabitazione fra il bimbo e l'animale si svolga per il meglio, non cambiate niente della vostra condotta. Cercate di comportarvi esattamente come prima.

Un nuovo arrivato si aggiunge al branco? Fate in modo che tutto avvenga nella maniera più semplice possibile. Avrete problemi se il cane non rispetta l'ordine gerarchico, se cioè non è "educato", non sa qual è il suo posto e non rispetta le regole di vita all'interno del branco.

In questo caso non vedrà di buon occhio il nuovo arrivato, situazione che potrebbe dare origine a delle gelosie, proprio come accade quando un cane se ne vede arrivare in casa un altro.

Se nasce un bambino, non c'è motivo di cambiare atteggiamento nei confronti del cane

Non bisogna caricare di troppe responsabilità i bambini come padroni di un cane

Preparare il cane all'arrivo del bambino

Ancora una volta, non c'è niente di fatale, si può aggiustare tutto. La prima cosa che vi consiglio di fare se avete un cane e fra pochissimo il neonato arriverà a casa, è di prendere nel reparto maternità un vestitino che ha indossato il bambino e metterlo per terra. Il cane annuserà il vestito e si impregnerà tranquillamente del suo odore. In questo modo non sarà preso alla sprovvista né turbato dall'arrivo del bambino, perché il suo odore non gli sarà sconosciuto. Sistemato questo particolare, mantenete lo stesso ritmo di vita, non sconvolgete le regole di famiglia che riguardano il cane, prendendo come pretesto l'arrivo del piccolo. È allora che si vedono persone proibire da un giorno all'altro al cane di salire sul divano, mentre lui ha le sue abitudini, spostargli la cesta, proibirgli di andare in una stanza o in un'altra, ridurre la durata delle passeggiate o semplicemente occuparsi meno di lui.

Il cane di carattere forte o quello maleducato possono non accettare questi sconvol-

Non lasciate il bambino solo con il cane senza la presenza del padrone

Ci saranno problemi se il vostro cane non rispetta l'ordine gerarchico

gimenti, sentirsi esclusi, prendere in antipatia il bambino e avere la tendenza a ribellarsi. In questo caso, darà al bambino la colpa di una situazione "inammissibile" ai suoi occhi.

Se il cane dorme nella stanza che diventerà quella del bambino, bisogna spostare la sua cuccia molti mesi prima; in un primo momento, potete farlo stare dietro la porta, allontanarlo progressivamente e poi assegnargli una nuova sistemazione.

Quando il bambino è già in casa

Se il cane arriva nella nuova famiglia quando il bambino c'è già, avrete meno da preoccuparvi. Il cucciolo passerà la maggior parte del tempo a giocare con il bambino perché sono due piccoli birbanti. Il cucciolo tollererà, se vengono da lui, giochi più o meno violenti: è abituato, dato che fra cani i giochi sono abbastanza fisici: ci si mordicchia, si gioca a nascondino...

Quello che invece non sopporta il cane sono i colpi a effetto. Il bambino, non avendo avuto il tempo di crescere insieme al cane e di adattarsi a lui, se non viene preparato molto prima dai genitori, rischia di pagare cara la sua ignoranza. Come nel caso di quei bambini che tirano di nascosto i peli al cane mentre sta dormendo, o gli tirano la coda, lo umiliano e lo rendono oggetto di scherno. Immaginate un bambino iperattivo che impedisce al cane di riposare e lo fa stare in uno stato di tensione permanente: può arrivare il momento in cui la situazione degenera e sconfina in una morsicatura.

Bisogna quindi fare tutto un lavoro a monte per spiegare bene al bambino che il cane non è un giocattolo. Anche in questo caso è al capobranco che tocca il compito di far rispettare la gerarchia perché il bambino è ancora incapace di farsi rispettare dal cane.

Quando il bambino cresce

Possono sorgere parecchi problemi fra bambini e cani, per il fatto che hanno la stessa altezza e che il carattere del bambino è più brusco, meno regolare. Sapendo che l'unico mezzo di espressione che possiede il cane per mostrare il suo fastidio quando viene importunato è abbaiare, ringhiare e mordere, anche se non ha realmente intenzione di fare del male, viene il sospetto che l'agire dei genitori abbia un grosso peso sulle azioni del cane. In effetti, il maggiore problema che si può incontrare è vedere il cane che si appropria del bambino. Dato che il bambino è roba sua, il cane non farà complimenti per proteggerlo in tutti i modi. Si addormenterà di fianco a lui, si mostrerà dissuasivo quando qualcuno si avvicinerà al suo protetto.

Non prendete questo atteggiamento del cane come un gioco, potrebbe molto facilmente ritorcersi contro il bambino, se non contro il padrone. È sempre questione di rispetto della gerarchia, del padrone, del capo che gestisce il branco, e non è tollerabile che il cane protegga eccessivamente il bambino. In futuro questo cane sarà sempre nelle mani del bambino, e per proteggerlo potrà mostrarsi aggressivo verso gli altri bambini con i quali gioca.

I problemi compaiono in generale quando il bambino fa i primi passi.

L'animale non ama essere disturbato dal bambino, cosa che succede quando barcolla e si addossa a lui quando sta per addormentarsi, creando un effetto sorpresa che provocherà una zampata o un morso da parte del cane. È il suo modo personale di mostrare al bambino quello che gli è proibito, senza volergli fare del male. Ma basta che il cane si accontenti di dargli una zampata per provocare una ferita che richiede alcuni punti di sutura, e il semplice fatto di arrivarci con i denti può segnarlo più o meno in profon-

L'arrivo di un bambino e il cambiamento di abitudini possono scatenare la gelosia del cane

dità; è statisticamente dimostrato che i bambini sono quelli a essere morsi più facilmente, perché sono alti come il cane. Aggiungetcci la mancanza di maturità, il fatto di non conoscere la psicologia canina né le reazioni istintive dell'animale, oltre che essere considerato dal cane come un compagno di giochi e non come un capo, e capite bene perché voi genitori dovreste raddoppiare la sorveglianza, il rigore, l'accortezza, e la fermezza in modo da evitare questo genere di incidenti.

Spetta dunque ai genitori educare il bambino, insegnandogli a rispettare il cane, a non svegliarlo quando dorme, a non creare tensione nell'animale a forza di muoversi o gridare troppo.

Bisogna saper fermare il cane, ma anche il bambino. Egli deve imparare a rispettare il proprio cane, sapere che ci sono momenti per giocare, e altri per il riposo e le coccole. In definitiva, è importante sia insegnare al cane il rispetto del bambino sia al bambino il rispetto del cane. La stessa cosa vale anche per le punizioni: se punite il cane e non il bambino, nessuno dei due capirà la vostra reazione. L'aggressività del cane, legata alla protezione eccessiva del bambino, può ritorcersi anche contro i genitori, quando, per esempio, lo sgridano. In questo caso il cane, che ha la tendenza a innervosirsi facilmente appena sente della tensione, prende su di sé il rimprovero e si interpone in modo da difendere il proprio compagno di giochi. Non fateglielo fare. Punite immediatamente questa presa di posizione tirando il guinzaglio con un colpo secco.

Il rispetto fra il bambino e il cane deve essere reciproco

Da ricordare

- Non date abitudini al cane.
- Quando in casa arriva un altro cane, date la preferenza al più vecchio.
- Spiegate bene ai bambini che il cane non è un giocattolo.
- Quando arriva un neonato, non comportatevi con il cane in modo diverso da prima.
- Preparate l'arrivo del bimbo mettendo per terra un vestito che ha indossato nel reparto maternità. Il cane se ne impregnerà e non sarà preso alla sprovvista da un odore sconosciuto.
- Siccome il bambino non è capace di farsi rispettare dal cane, è il capobranco che deve far rispettare la gerarchia.
- State attenti che il cane non si appropri del bambino.

Piccoli problemi da regolare fra amici

Anche se il vostro cane è stato educato bene (e a maggior ragione se la sua educazione lascia a desiderare) possono sorgere alcuni piccoli problemi. Certo, più il cane invecchia, più diventa tranquillo ed è meno facile che faccia delle sciocchezze, ma possono crearsi delle piccole difficoltà che, in genere, si possono sistemare facilmente.

Ancora una volta bisogna cercare di capire il cane per scoprire perché agisce in quel modo e, partendo da lì, risolvere il problema. Si tratta di comunicare, ascoltarlo e parlare con lui, cosa che molti padroni non sanno fare. Succede così che spesso ci sono persone che vengono da me terrorizzate, interrogandomi su un aspetto o un altro del comportamento del loro cane, che sembra loro qualcosa di irreversibile.

Di seguito tratterò i problemi che mi vengono sottoposti più frequentemente e vedrete che non sono, per la maggior parte, difficili da risolvere, basta solo dimostrare di conoscere un po' di psicologia e capire che in fondo si tratta solo di piccoli problemi da regolare fra amici.

Il comportamento con un cane maschio o una femmina

Questa domanda mi viene fatta di solito da chi oggi ha un cane maschio, e prima ha avuto una femmina (o viceversa) per tanti anni. È vero, ci sono differenze importanti. Generalmente i maschi sono dominanti, le femmine dominate.

Proprio per il suo carattere dominante il maschio avrà dei conflitti col padrone, di cui a volte contesterà l'autorità; al contrario, la femmina sarà spesso "innamorata" del padrone, sarà più sensibile e cercherà prima di tutto di fargli

Durante la gestazione, la cagna è più sensibile

piacere. Ha con lui un rapporto quasi di seduzione.
Bisognerà quindi mostrare più fermezza con un cane maschio, perché cercherà sempre di affermarsi rispetto al padrone e il minimo errore da parte vostra sarà interpretato come una perdita di potere.

L'attesa dei cuccioli in casa

La gestazione dura sessanta giorni ed è un periodo durante il quale l'animale si mostra più sensibile. Avrà bisogno dell'affetto del padrone ma anche di molta tranquillità. Non è il momento che i bambini vadano a importunarla in continuazione o vogliano a qualunque costo giocare con lei.
Durante questo periodo avrà anche bisogno di un'alimentazione più sostanziosa.
Trovatele quindi un posto calmo, dove potrà riposare quando ne avrà voglia. Queste sono le uniche attenzioni particolari che si devono avere.
Appena avrà partorito, taglierà da sola il cordone ombelicale, perché la natura fa le cose per bene. Basterà la vostra presenza attenta.
Quando i cuccioli saranno nati, la cagna sarà nello stesso tempo affaticata, sensibile e talvolta irritabile e avrà ancora bisogno di calma. E soprattutto si mostrerà molto protettiva nei confronti dei piccoli.
Cercate quindi di evitare di andarla a disturbare continuamente per giocare con loro o prenderli in braccio.

Il cane che abbaia al rientro del padrone

Come regola generale, il cane abbaia per manifestare la sua gioia di rivedere il padrone; cerca anche di fargli capire che è lì e che ha bisogno che si occupi di lui. I cani maleducati abbaiano al ritorno del padrone, come pure quando se ne va. Evidentemente non hanno assimilato le basi dell'educazione: abbaiando a ogni piè sospinto si propongono di far capire che se ne infischiano dell'autorità del padrone e fanno quello che vogliono. Ciò succede perché il distacco non è stato assimilato in maniera corretta quando l'animale era ancora molto piccolo, e siccome non hanno imparato a stare da soli, rimettono in causa l'autorità del padrone quando la situazione viene loro imposta.

La madre che deve allattare riceverà un'alimentazione adeguata alle sue necessità

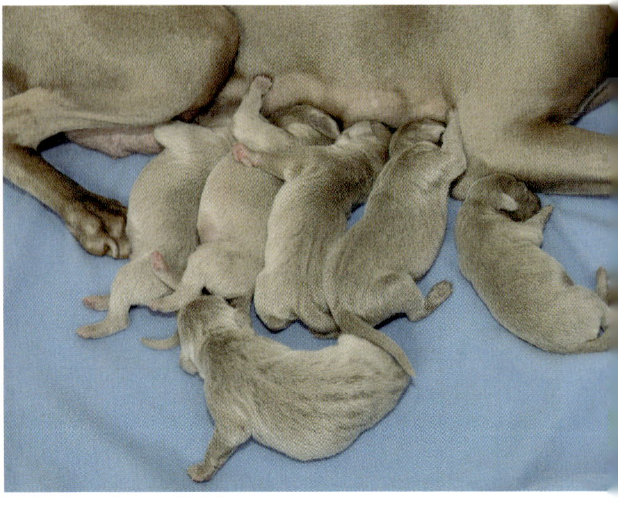

La cosa migliore è ricorrere al guinzaglio per lavorare di nuovo su certe carenze dell'educazione. Fate stare il cane al posto suo tutte le volte che è necessario, in modo che capisca chi dei due è veramente il padrone.

Il cane che dà sempre la zampa a tutti

Dare la zampa è un gesto che esiste già nei cuccioli e indica sottomissione.

È un segno di sottomissione che può manifestarsi se il cane ha l'abitudine di dare la zampa per avere una ricompensa, e questo fatto rappresenta una deviazione del comportamento.

È indice di sottomissione anche stendersi sul dorso e mostrare le zampe. L'animale a volte assume questa posizione dopo un rimprovero; in tal modo intende esprimere al padrone la sua devozione più completa.

Non si deve però vedere sistematicamente una prova di sottomissione ogni volta che il cane si stende sul dorso: spesso questo atteggiamento sta a significare che si sente bene e ha fiducia.

Un cane che fa quotidianamente esercizio, in casa starà tranquillo

Il cane che raspa molto spesso per terra

L'atteggiamento del cane che raspa regolarmente per terra non si spiega solo col nervosismo. Certo, i cani sono nervosi se non li si fa uscire abbastanza e se non hanno la possibilità di compiere l'esercizio fisico quotidiano necessario al loro equilibrio, ma raspare per terra è per loro prima di tutto un modo di segnalare la loro dominanza.

Il cane che scava buche o sradica i fiori

Il fenomeno si spiega ripensando al comportamento del cane allo stato selvatico. Infatti quando il cane è sazio e ci sono ancora degli avanzi nella ciotola, scava per mettere il cibo al fresco e proteggerlo da chiunque glielo voglia rubare.

Dopo che ha chiuso la buca, ci tornerà per dissotterrare il cibo in caso di fame. La buca permette al cane di avere un luogo per mettere al riparo oggetti per noi insignificanti, ma che per lui hanno un valore inestimabile. È un fenomeno che ritroviamo sempre di più, al giorno d'oggi, e che quindi è considerato una deviazione moderna.

Qui si impone una piccola precisazione.

Il buco in cui il cane sotterra degli oggetti viene di solito inteso come un nascondiglio, ma in realtà il cane non possiede nascondigli. Qui si ritrova un perfetto esempio di deviazione dei cani moderni, che non si confrontano più con la vita selvaggia, ma a volte ne ritrovano i riflessi.

Lo stato del giardino non preoccupa assolutamente il vostro cane

Per tornare al vostro giardino, sappiate che il suo stato è l'ultima delle preoccupazioni del cane. Una, dieci o cento buche non faranno sentire un'ombra di rimorso o cattiva coscienza all'animale, che se potesse parlare vi direbbe: "Il giardino è diventato un colabrodo, e allora?"

Esiste tuttavia un metodo semplice e infallibile per rimediare a questo tipo di "giardinaggio" distruttivo: togliete la terra dal buco, metteteci dentro gli escrementi del cane, poi ricoprite tutto.

Il cane ne sentirà l'odore e smetterà definitivamente di scavare.

Il cane che abbaia alle persone in uniforme

Il cane non detesta più i postini dei pompieri o degli uomini con la barba.

Bisogna sapere che i cani hanno spesso la reazione di abbaiare quando vedono qualcosa che non conoscono.

Abbaiano per far la guardia alla casa, sia che vedano un pompiere, o un uomo di colore o un fornaio che compaiono loro davanti all'improvviso in tenuta da lavoro.

Il cane che detesta il postino

Questo cane è in situazione di stress: ha paura della persona che si avvicina e perciò abbaia

Per quel che riguarda il postino, è diverso, ed è proprio il contrario: il cane abbaia perché lo vede molto spesso! Più si esercita il cane, meglio è. Il rapporto del cane con il postino si può dire che sia, in qualche modo, legato all'esercizio, se non all'addestramento. Il postino viene quasi tutti i giorni a portare la posta. In quel momento, per segnalare il suo arrivo, il cane si mette ad abbaiare. Il postino fa il suo lavoro e riparte. Il cane, che crede di avergli fatto paura, ricomincerà ad abbaiare tutte le volte che ricompare, cioè sei volte alla settimana, per tutto l'anno.

Per il cane è diventato una specie di gioco mescolato a sfida: "Vedi? Ogni volta che abbaio prendi paura e scappi". È divertente, certo, soprattutto per il cane, ma per rispetto nei confronti del postino che fa solo il suo lavoro, potete decondizionare il cane.

Per far questo, basta mettere sulla cassetta delle lettere un biscotto, che potrà dargli il postino. Quando assocerà l'arrivo del portalettere alla leccornia, non mostrerà più animosità verso di lui. Ecco un buon modo di mostrarsi più furbi del cagnolino!

Per le persone che preferiscono intervenire personalmente nel decondizionamento del cane, consiglio di aspettare il postino con il cane, davanti a casa, in modo che entrambi possano conoscersi meglio. Può darsi che scoprano anche interessi comuni!

Il cane che salta sulla tv accesa

Saltare sulla televisione ogni volta che viene accesa è il comportamento di un cane agitato e facilmente disturbato, o quello di un cane geloso dell'attenzione che il padrone presta alla televisione. Che fare?

Proprio prima di accendere la

televisione, legate il cane e lasciatelo legato per quindici, venti minuti. Finirà per capire che non gli è permesso fare quello che faceva.

Il cane che si sdraia spesso sul dorso e si rotola per terra

Quando un cane si sdraia sul dorso, la psicologia canina lo spiega con una forma di sottomissione davanti al padrone o a un altro cane, ma può essere anche una prova di fiducia e benessere.

A volte il cane assume questa posizione quando il padrone lo rimprovera: sta steso sul dorso con le quattro zampe per aria e non si muove. È un modo per offrire la gola al dominante, come succederebbe nella vita selvaggia, in tal modo infatti l'animale riconosce al dominante il diritto di vita o di morte perché a questo punto, nella vita selvaggia, il dominante può afferrarlo alla gola e ucciderlo, oppure ignorarlo.

Quando il cane assume questa posizione, consiglio vivamente di non accarezzarlo, ma di optare per la seconda soluzione, cioè ignorarlo. Si farebbe una grossa sciocchezza accarezzandolo, sapendo che il cane non ci casca e che, assumendo questa posizione, sollecita né più né meno la clemenza del padrone, in modo da farlo "crollare". Alcuni cani fanno di peggio: cominciano ad assumere questa posizione ancora prima di essere rimproverati. Infatti non è raro vedere che, prima ancora che il padrone cominci a gridare, il cane è già steso con le zampe per aria!

È un'ulteriore dimostrazione che il cane è ben lontano dall'essere una bestia.

Intende in questo modo prendere di sorpresa il padrone in collera. Anche in questo caso, proibisco assolutamente di accarezzarlo. Mettersi sul dorso con le zampe in su è quel che

Magnifici esemplari di cani da pastore. Ognuno di questi cani, se male educato, potrebbe sviluppare cattive abitudini

può succedere anche quando l'animale pensa di essere troppo rimproverato e che gli sia richiesto uno sforzo superiore alle sue forze.

Adottando la posizione di dominato, ravvivata da qualche capriola, cerca abilmente di scappare dal lavoro che ci si aspetta da lui.

Alcuni cani si rotolano per terra ancora prima di aver cominciato il minimo esercizio, per semplice pigrizia. Se il trucco riesce e funziona bene, continuerà a ripetere il giochino. In questo tipo di situazioni, bisogna comportarsi normalmente, soprattutto non accarezzarlo e tirare il guinzaglio in modo da fargli vedere che non si è d'accordo; bisogna fargli capire che non siete vittima della sua commedia e che siete superiori. Come ripeto regolarmente, bisogna dimostrargli di essere più testardi di lui.

Il padrone deve sempre ricordarsi di trattare il cane con dolcezza ma anche con fermezza

È preferibile ignorare il cane che si stende con la pancia rivolta verso l'alto

Il cane che rincorre le automobili

Ha paura. Tutto quello che si muove turba moltissimo i cani. Nella loro mente l'auto rappresenta la preda che viene verso di lui. Allora si sente aggredito, ma poi essa lo oltrepassa e scompare. Per lui è chiaro che l'auto si è messa in salvo, quindi che le ha fatto paura.

Da quel momento in poi il cane aggredisce le auto perché si sente più forte di loro. Aggredisce per paura. Se invece è un cane pauroso, di quelli che mettono la coda tra le zampe e fuggono, quando arriva una macchina si mette al riparo.

La paura genera quindi due reazioni perfettamente opposte (attacco o fuga) che dipendono unicamente dal carattere da dominante o dominato del cane.

Il cane che fa a brandelli i giocattoli dei bambini

Per loro è un modo di appropriarsi di un particolare odore, di un oggetto che appartiene al bambino. Distruggendolo, mostrano e consolidano la loro superiorità sul bambino, approfittando del fatto che l'oggetto non appartiene al padrone, ma a un essere che considerano "inferiore", a un compagno di gioco. Il cane mette nella gerarchia prima il padre, poi la madre, poi lui e il bambino: con quest'ultimo si prende quindi delle libertà che mai si sognerebbe di prendere con il padrone.

Non lasciate che il cane si impadronisca dei giochi del bambino

Il cane che ha paura del veterinario

I cani che hanno paura del veterinario associano generalmente la sua immagine a un'esperienza dolorosa. Un'operazione che li ha fatti soffrire, un mal d'orecchi o un problema agli occhi per cui si sono dovuti sottoporre a cure dolorose...
Il metodo migliore perché possano liberarsi di questa paura è portarli molte volte dal veterinario, senza che se ne abbia davvero bisogno!
Ripetete l'esercizio tre o quattro volte e vedrete che funziona. Così il cane capirà che non ha niente da temere e si abituerà ad andare dal veterinario senza che questo significhi necessariamente salire sul tavolo da visita, fare iniezioni, analisi e altre cose sgradevoli.

I viaggi in auto

Per il cane, tranne rare eccezioni, viaggiare in auto equivale a uno stress. Il lavoro di educazione consiste nel trasformare lo stress in piacere. Quando il cane è giovane, bisogna abituarlo ad andare in auto: metterlo sui sedili posteriori e fare qualche chilometro. È proprio qui che nascono i problemi: il

Esercizio: non avere più paura di andare dal veterinario

- Portate il cane dal veterinario.
- Sedetevi nella sala d'aspetto.
- Aspettate una decina di minuti, e se il veterinario o uno dei suoi assistenti può fare una carezza al cane, meglio ancora.
- Poi andate via tranquillamente.

Dal veterinario, un cane ben educato si siede o si mette ai piedi del padrone, mentre aspetta il suo turno, senza abbaiare, giocare, né litigare

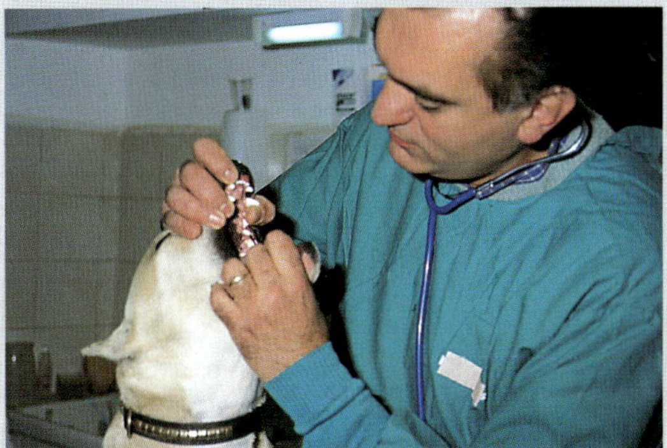

cane si dimena, urta dappertutto, dà fastidio al guidatore... Quel che vorrebbe, prima di tutto, è passare davanti, invece deve capire bene che il suo posto è dietro.

La soluzione migliore si ottiene ancora una volta col guinzaglio e il collare. Fate salire il cane nel bagagliaio, tenuto al guinzaglio, passate il guinzaglio attraverso la portiera, fate un nodo e chiudete la portiera. Con questo sistema insegnate al cane a stare tranquillo in macchina.

Nel giro di quindici giorni o un mese, il guinzaglio diventa simbolico e basta che facciate entrare il cane in auto col guinzaglio perché si creda legato e resti tranquillo.

Tuttavia alcuni cani soffrono il mal d'auto, sempre per il troppo stress. Non è un problema irrimediabile, anzi. Fate in modo che l'automobile diventi qualcosa di molto comune, sdrammatizzatene l'uso. Per far ciò, abituatelo a salirci dentro quando l'auto è ferma, in garage o in giardino. Potete, per esempio, servirgli il pasto nella ciotola che avrete messo nella zona posteriore dell'auto, dopo aver abbassato i sedili. Altre volte potrete portare una palla, in modo da farlo giocare. In un primo tempo lo farete col motore spento, poi, quando ve-

È necessario abituare il cane a viaggiare in auto sin da cucciolo

Questo dobermann sa molto bene chi può e chi non può avvicinarsi all'auto

drete che fila tutto liscio, potrete accendere il motore. Col tempo l'automobile diventerà per lui una fonte di piacere.
Ultima precauzione da prendere: se prevedete un viaggio lungo, non dategli da mangiare.

Altri mezzi di trasporto

Nella metropolitana è proibito portare cani, tranne quelli piccoli, che devono stare dentro una borsa. In treno devono avere la museruola e... tanta pazienza. Se dovete fare un viaggio di tre ore con il cane, è meglio che abbia fatto i suoi bisogni prima. E poi c'è l'aereo. I cani grossi viaggiano nel settore riservato ai bagagli, cosa non piacevole ma, se gli date un calmante prima del viaggio, andrà tutto bene. Può essere un problema un viaggio molto lungo e con una coincidenza. Per esempio se andate da Milano a Roma, e lì prendete l'aereo per Rio de Janeiro.
C'è sempre il rischio che, per varie ragioni, lo scalo duri tre o quattro ore e che, chiuso in gabbia, il cane muoia di caldo o di freddo. È effettivamente accaduto, a volte, che dei cani siano morti in questo modo durante uno scalo troppo prolungato.
Vorrei qui darvi un consiglio, più da amico che da professionista: a meno che non vi sia assoluta necessità (per esempio se andate all'altro capo del mondo per tre anni), non portate il cane con voi quando andate in vacanza molto lontano. Avrebbe più fastidi che piacere. La soluzione migliore è sempre lasciarlo solo a casa, a condizione che qualcuno possa passare tre volte al giorno a dargli da mangiare, bere, e portarlo a fare una passeggiata.
Nella casa in cui vive si trova nel suo elemento, è sempre là che si sentirà meglio.
Potete anche affidarlo a vicini, amici o parenti, presso i quali si sentirà subito bene nella misura in cui li conosce già.
Ci sono anche delle persone anziane che accettano di venire a occuparsi del cane a domicilio, o lo custodiscono a casa loro.
Ultima soluzione: il pensionato per cani, dove però il cane sarà più scombussolato, perché si troverà in un luogo sconosciuto, rinchiuso per la maggior parte del tempo.

Non solo in auto: il cane deve essere abituato a viaggiare su ogni mezzo

Quando le cose si mettono male!

Provocare gli errori per poi correggerli

Oltre ai piccoli conti che si regolano "in via amichevole", ne esistono altri, più grossi, che creano problemi più difficili da risolvere anche perché, la maggior parte delle volte, il padrone non possiede né gli strumenti psicologici né quelli tecnici per sistemare la situazione. Il padrone si trova spesso rapidamente sopraffatto perché non dispone di alcun mezzo di repressione efficace sul proprio cane: alcuni urlano, si innervosiscono, diventano violenti, altri si arrendono davanti alle sciocchezze del loro animale. E il cane sente che sono deboli. La tecnica migliore è provocarlo: "Fai pure la sciocchezza che vuoi, poi ti mostro che ti è proibita".

Il fatto di provocare gli errori dell'animale, di lasciarglieli fare per correggerli immediatamente per mezzo del guinzaglio, vi offre una possibilità di lavorare su questi aspetti in modo affidabile e molto efficace. In condizioni normali, infatti, non si è mai pronti o presenti quando il cane fa la sciocchezza. Allora, bisogna farla scatenare per essere lì nel momento in cui la fa; per esempio, se non ne potete più che il cane si arrampichi su per le scale, provate l'esercizio proposto. Siate sempre fermi col cane, ripeto, altrimenti saprà certamente sfruttare le vostre debolezze!

Settarsi a pancia all'aria, per il cane, è un segno di resa

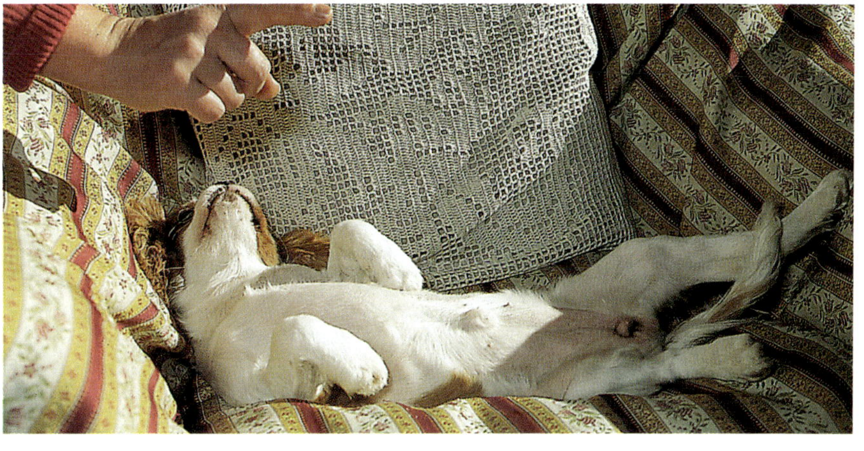

Il cane che quando è solo si arrampica sul divano

Quasi sempre una parte della responsabilità è del padrone. Sin da quando era piccolo l'ha generalmente lasciato fare, perché tutto sommato è piacevole vedere un cucciolo che si rannicchia sul divano. Alcuni padroni, quando ci si siedono, pensano anche a prendere delle precauzioni, per esempio tengono il cucciolo sulle ginocchia. Il problema è che, quando il cane è cresciuto, dà proprio fastidio. Sarebbe bastato che qualcuno avesse avvertito tutti questi padroni senza fantasia, che la psicologia di un cane rimane la stessa, che pesi dieci o ottanta chili.

Devo aggiungere, a onor del vero, che i cani sono spesso attratti dai divani, che il padrone glieli proibisca o no. È frequente il caso di cani che, restando soli, si accucciano sul divano, anche se non sono mai stati autorizzati a farlo. Dopo tutto il divano è più morbido, comodo e soprattutto è là che si siedono i padroni quando si vogliono rilassare! Il cane vive ventiquattro ore al giorno in casa. A mano a mano che passa il tempo, si appropria di questo territorio, che diventa la sua tana. È quindi logico che abbia la tendenza, poco a poco, di farvi vedere che il divano è suo e non vostro. E ringhierà pure, quando i vostri ospiti ci si vorranno sedere.

Se il cane adulto è ben educato, è molto probabile che il cucciolo cresca equilibrato

Il fatto di accettare che il cane salga sul divano è una vostra libera scelta, l'importante è che quando volete che scenda lui lo faccia (*vedi* l'esercizio proposto). Ripetete questo esercizio molte volte durante la settimana. A partire dal momento in cui rifiuta di salire sul divano, quando glielo chiedete, avrete quasi risolto il problema. D'ora in poi saprà che gli è proibito.

In futuro ogni volta che vi renderete conto che può trasgredire alla consegna (e più ancora se avete capito che l'ha trasgredita durante la vostra assenza), lasciate che vada verso il divano, per arrampicarcisi sopra, prendete il guinzaglio e tirate su in modo di ricordargli che gli è proibito.

Non dimenticate che il processo educativo non è mai

Esercizio: non arrampicarsi sul divano

- Prendete il guinzaglio e fate salire il cane sul divano.
- Appena sale, tirate in modo da indietreggiare e dite "No".

Esercizio: non arrampicarsi su per le scale

- Mettetevi sui gradini.
- Fate stare un'altra persona in basso, di fianco all'animale, poi chiamatelo.
- Appena comincia ad arrampicarsi, tirate con fermezza il guinzaglio e ripetete "No", molte volte di seguito.

concluso. Il cane passerà il resto della vita a mettervi alla prova!
Ogni volta che uscite di casa potete anche gettare il collare di ferro vecchio sul divano in modo da ricordargli che non deve salirci su. Il rumore del collare gli evocherà un brutto ricordo e ne avrà paura. Però se accettate che il cane salga ogni tanto sul divano, non lo punite poi se vi si sprofonda durante la vostra assenza! Il povero cane non capirebbe più niente. Bisogna che definiate il suo spazio, come pure le proibizioni, sin dall'inizio, con fermezza.

I cane che si pone sempre fra il padrone e gli altri

La socievolezza del cane passa attraverso la conoscenza pratica degli altri. Quando qualcuno suona il campanello di casa, non lasciate che sia il cane a riceverlo, non farebbe che rimettere in dubbio la gerarchia dominante/dominato. Un cane che si comporta così non ha un buon controllo. Ciò dipende dal fatto che il concetto di dominanza non è ancora ben chiaro, né per il cane né per il padrone. Se il cane è educato bene, si deve essere capaci di dire "Fermo" quando si prepara a balzare alla porta. Non gli proibite sistematicamente di accogliere gente, ma mostratevi inflessibili se ciò può disturbare voi o i vostri ospiti.
Se lo fate con dolcezza, senza aggressività (nel ragionamento dell'animale, sta andando avanti a vedere chi arriva nel nuovo branco), il cane può sempre accompagnarvi, ma tenendosi in disparte, presente ma discreto. L'animale non deve diventare un ostacolo quando viene da voi un amico.
Se è il caso, tirate bruscamente il guinzaglio e dite "No".

Non permettetegli di dimostrare un atteggiamento di sfida nei confronti di un altro cane in vostra presenza

Il cane che impedisce l'ingresso agli ospiti

Se il cane impedisce che gli ospiti entrino in casa non chiudetelo in bagno o in stanze del genere. È un consiglio fondamentale.
Chiudendolo, in un certo senso gli comunicate il messaggio: "Hai ragione a fare la guardia" e questo potrebbe contribuire a sviluppare la sua aggressività. Per lui sarà evidente che è stato chiuso in bagno perché è appena arrivata una persona, per cui quando sarà libero avrà solo voglia di vendicarsi.
È vero che di solito quando qualcuno suona alla porta, corriamo ad aprire. Ecco perché la cosa migliore da fare, per evitare questo tipo di problema, è addestrare il cane in precedenza, abituarlo all'arrivo di qualsiasi persona in modo che impari a restare al suo posto.

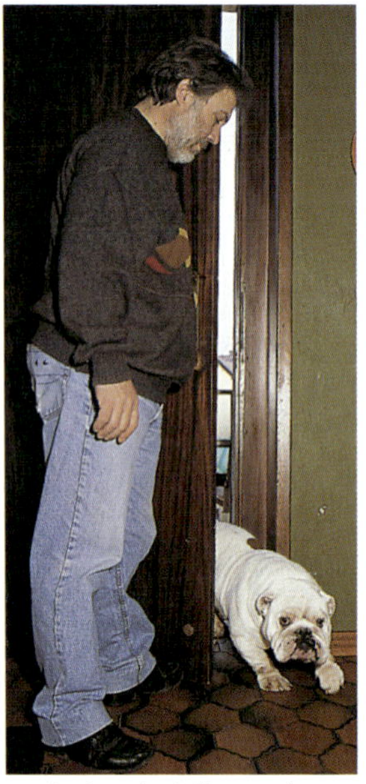

Non lasciate che sia il cane a ricevere gli ospiti, siete voi il padrone di casa

Il cane che salta addosso agli ospiti

Non c'è niente di più seccante di un cane che sfugge alla vigilanza del padrone e sembra che non si accorga assolutamente dei suoi richiami.
Quando il cane non è al guinzaglio, non restano che due soluzioni per farsi obbedire. Impedirgli con il ginocchio di

Esercizio: lasciare entrare gli invitati

- Domandate a un familiare o a un amico di uscire.
- Mettete il guinzaglio al cane.
- Chiedete al vostro complice di suonare il campanello di casa.
- Quando avrà suonato, tenete indietro il cane e ditegli: "Seduto, fermo".
- Andate ad aprire.
- Dopo avere fatto entrare la persona, liberate l'animale e ditegli: "Va a giocare".

Esercizio: "spazzare" con le zampe posteriori

- Non è crudele e deve essere fatto con dolcezza.
- Prendete le zampe anteriori e tirate il cane verso di voi facendo fare alle zampe posteriori un movimento simile a quello di spazzare. Accompagnate questo gesto in modo da non lasciar cadere il cane bruscamente per terra.

"Spazzare" con le zampe posteriori è un modo particolare di rimproverare il cucciolo

Non permettete che un cane di questa stazza prenda simili abitudini

lanciarsi in avanti o usare la semplice autorità della voce, che lo farà reagire solo se è stato fatto in precedenza un certo lavoro di socializzazione.
Per i cani più difficili da ridurre alla ragione, consiglio di ricorrere a un piccolo esercizio, di sicuro impressionante, se non decisamente sgradevole, secondo alcuni padroni, ma che risolve le cose radicalmente: spazzare le zampe posteriori.
Comunque, deve essere chiaro che non sta al cane decidere chi è autorizzato a entrare a casa vostra, anche se è lui il guardiano del territorio. Solo il dominante può permettere o meno l'entrata di una persona o di un animale a casa sua, quindi nel territorio del cane. Ciò eviterà in seguito molti morsi.

Il cane che disturba durante i pasti

Non dovete tollerare che il cane si aggiri intorno al tavolo e chieda apertamente la carità. Non è mai gradevole, ancor meno quando si ricevono amici o si hanno dei bambini, sapendo che i cani vanno matti per i loro avanzi.
La prima cosa da fare è abituarsi a non dargli mai niente quando siete a tavola. Tenetelo a una certa distanza dal tavolo da pranzo. Per spaventarlo, potete servirvi del tovagliolo e gettarglielo sopra dicendo: "Va a cuccia".
Se non ci riuscite, legatelo in modo che non venga più a seccarvi.

Abituate il vostro cane a non disturbare ed elemosinare a tavola

Il cane "distruttore"

In generale sono i cani che sono soli e angosciati che hanno più spesso la tendenza a devastare. Si sentono rifiutati dal branco. Si rannicchiano in un angolo, apatici, ma quando si sentono a loro agio nel loro ambiente si "lasciano andare" e fanno di tutto. Prendere tutti gli oggetti che hanno il vostro odore e distruggerli sarà per il cane una maniera di sfogarsi. È facendogli prendere l'abitudine di restare solo a casa sin da quando è piccolo che gli impedirete di avere comportamenti distruttivi.

Ciò è possibile solo se il cane ha delle buone basi educative: su di esse si fonda un buon rapporto fra lui e il padrone. Basta averlo legato regolarmente durante i primi mesi di vita, ogni volta che si è innervosito, per fargli capire che non deve lasciarsi andare ad atti impulsivi. Analogamente, se l'avete abituato regolarmente a restare da solo, questo tipo di problema non ha alcuna ragione di manifestarsi. In caso contrario provate a fare l'esercizio riportato nel box. Bisogna che capisca che non deve assolutamente collegare l'assenza del padrone all'abbandono.

Ripetete questo esercizio parecchie volte durante la settimana e noterete che, poco a poco, il cane assimila l'insegnamento. Il fatto di lasciare un oggetto, un vestito del padrone o comunque della persona che ha più autorità sul cane, deve aiutarlo nell'addestramento.

Esercizio: per calmarlo

- Legatelo stretto (cinquanta centimetri) in modo che il suo raggio di attività, e quindi di distruzione, sia ridotto: bisogna obbligarlo a restare calmo.
- Assentatevi per dieci, quindici minuti.
- Quando tornate, lodatelo se si è comportato bene.

Il cane che tende a scappare di casa

Ripeto incessantemente ai padroni al limite della pazienza che i cani non hanno affatto la tendenza a scappare di casa. Fanno così perché si annoiano. Sono cani che non hanno mai contatti con i loro simili e che, all'improvviso, "la combinano bella" per andare a fare conoscenza degli altri cani del quartiere!

L'animale può anche avere a disposizione per divertirsi uno spazio aperto di più di mille metri quadri, il problema non cambia. Se avete dei bambini, vuole poter giocare con loro. Si divertirà di più in compagnia in un giardinetto che in un terreno immenso dove sarà abbandonato alla sua solitudine e troverà tutto il tempo di preparare dei piani di "evasione".

Capito questo, la soluzione è logica: portate regolarmente il cane a fare la passeggiata in un luogo dove possa incontrare altri cani, fare conoscenza, giocare insieme, ecc. Ci sono buone probabilità che decida da solo di smettere di "scappare di casa".

Per concludere su questo punto, sappiate che all'origine di alcune fughe c'è a volte la vicinanza di femmine in calore. In questo caso però esistono soltanto due soluzioni: la castrazione oppure una recinzione elettrica.

Un cane che si annoia può arrivare ad avere tendenze di fuga

Il cane aggressivo

Un cane aggressivo può essere pericoloso?

Che sia uno yorkshire, un pastore tedesco, un bassotto o un boxer, sappiate che tutti i cani possono essere cattivi e che le dimensioni dell'animale non sono proporzionali all'aggressività che può esprimere, anzi è vero il contrario.

Come vedremo in seguito, l'aggressività del cane deriva da una paura che, se non è dominata, può spingerlo a mordere. Dovete sapere che il cucciolo attraversa un periodo durante il quale non ha paura di niente. A questo, ne segue uno di paura.

Ora, se il padrone esercita il ruolo di capobranco, le paure si dissolvono, mentre un padrone troppo indulgente, che non assolve alla sua funzione, è come se abbandonasse il cane a se stesso, costringendolo a risolvere i problemi da solo.

A volte il padrone è troppo gentile, è debole, e quindi il cane non può appagare il suo bisogno di appoggiarsi a lui in piena fiducia.

Il padrone, infatti, deve essere gentile ma deve anche saper dare prova di autorità e di capacità di prendere le decisioni. L'animale ha bisogno di sapere che egli assume, a tempo pieno e in tutte le situazioni, il ruolo di dominante.

Da allora in poi, quando il cane incontrerà un problema, avrà l'istinto di affidarsi al padrone per sapere se ha ragione a essere inquieto oppure no.

Se il padrone si mostra sereno, allora il cane si rimette a lui in piena fiducia. Davanti a qualsiasi manifestazione di aggressività del cane, il padrone deve essere capace di intervenire; che sia un ringhio, un piccolo abbaio o anche una semplice morsicchiatura, non dovete permettergli niente.

Date dei piccoli strattoni al guinzaglio e dite "No". Più date strattoni, più il cane capirà che non deve comportarsi in quel modo. Il morso non è un gioco. Anche se è solo accennato, non deve essere sottovalutato e preso alla leggera.

Molti pensano che più un cane è vecchio, meno è aggressivo, invece questo comportamento non si attenua col tempo. Se il cane, da piccolo, mordeva per gioco, lo fa anche in seguito, per affermarsi.

Quando il cane è giovane e, giocando, vi morde, interrompetelo immediatamente.

Bisogna fargli capire che, se morde, voi vi rifiutate di giocare ancora con lui, che è esattamente quello che la madre aveva cominciato a insegnargli un po' prima di voi, correggendo il cucciolo che aveva morso per gioco un fratello o una sorella.

Tutti i cani possono essere pericolosi, indipendentemente dalla taglia e dalla razza

Il cane pauroso

La mancanza di stabilità, di equilibrio, contribuisce in larga parte a sviluppare il senso di paura nel cane.

La genetica, l'eredità dei genitori, gli accoppiamenti fra consanguinei, hanno anche loro una buona parte di responsabilità.

La paura può essere direttamente collegata a un brutto inizio della vita del cucciolo, per esempio se è stato separato dalla madre sin dalle prime settimane, oppure se non ha avuto rapporti sociali al momento giusto, o se è nato lontano da qualsiasi presenza umana. Si può anche pensare che un cucciolo sia nato in un luogo molto tranquillo, al riparo dal fracasso della città e dei rumori urbani, cioè non abbia avuto quelle informazioni che gli mancheranno crudelmente quando si troverà faccia a faccia con tutti i tipi di disagi e rumori per lui sconosciuti che potrebbero allora sconvolgerlo.

Oppure il senso di paura è potuto insorgere nel corso delle prime passeggiate che ha fatto, quando l'avete fatto uscire in un ambiente che poteva disorien-

Un morso deve sempre essere preso sul serio, anche se a darlo è un cucciolo

L'indole di un cane dipende più dall'educazione ricevuta che da caratteristiche razziali

tarlo e avete cercato di proteggerlo, errore da non commettere mai, come abbiamo già visto.

L'avete preso in braccio o accarezzato quando ha avuto paura e gli avete fatto capire che eravate là per proteggerlo, che non aveva più bisogno di agitarsi, in un certo modo l'avete superprotetto e quindi gli avete impedito di essere pronto ad affrontare queste difficoltà.

Prendere sistematicamente un cagnolino in braccio per proteggerlo da ciò di cui potrebbe avere paura è particolarmente sconsigliato.

Se non vi occupate di lui, il cane vedrà che restate calmi, che non ha alcuna ragione di avere paura e ricalcherà il proprio comportamento sul vostro. È necessario quindi che vi sia una certa sintonia fra cane e padrone, da cui l'importanza di aver fatto un buon lavoro di base (richiami, "Fermo").

La paura, per finire, paralizza un cucciolo che non ha vissuto la giusta esperienza al momento buono, che non ha avuto l'occasione di far fronte a certe situazioni. Si ritorna ancora ai tre primi mesi di vita del cane, determinanti per il suo futuro. Se non è messo a confronto sin da piccolo con più cose possibili, la sua ignoranza si tradurrà in comportamenti anomali e imprevedibili.

Le manifestazioni di paura nel cane

Quando ha paura il cane si mette a tremare. Alcuni cani si nascondono, altri affrontano il problema per misurarne la gravità, altri ancora fuggono davanti al pericolo, poi ci sono quelli che esternano la paura con una reazione aggressiva. Un cane che ha paura a volte si pone in una situazione di autodifesa.

Sentendosi minacciato, pronto a reagire, quindi ad attaccare, il cane si irrigidisce, drizza le orecchie, tutta la sua massa si tende al solo scopo di impressionare il "nemico". Se non basta, si getta sulla fonte del

La paura nel cane può essere causata da molti fattori

A volte il cane che ha paura mostra un atteggiamento di autodifesa

Ignorate il cane che trema. Dimostrate sicurezza e anche lui ne trarrà beneficio

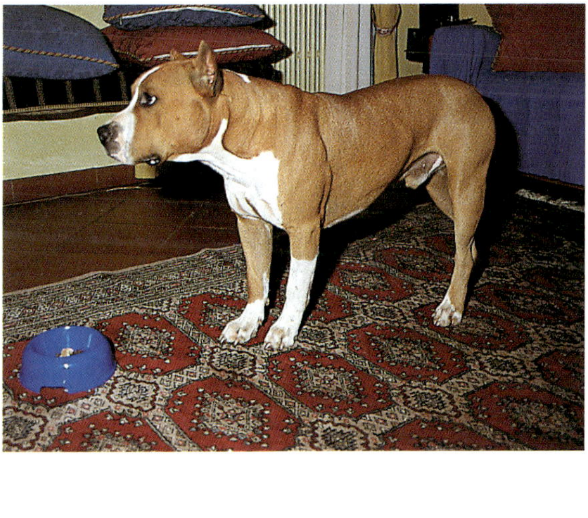

pericolo. Il cane che trema non farà del male se sapete ignorarlo.

Il cane che si nasconde, invece, rifiuta di affrontare il problema, si rifugia sotto il divano, caso tipico di quando ci sono i fuochi d'artificio.

Messo a confronto con un simile che lo impressiona, si sente dominato, mette la coda fra le zampe per nascondere il proprio odore anale, che permette di identificarlo e soprattutto che mostra la sua paura, poi si mette in salvo con la testa bassa.

Il cane dominante, invece, alza la coda per scoprire quell'odore e far vedere che lui non ha paura. Se gli andate incontro troppo bruscamente, un cane di questo genere può mordere perché la sua paura si trasforma in aggressività.

Il cane che fugge e si va ad accoccolare in un angolo, quando cercate di prenderlo può mordere.

Il cane che ci pensa su e che si sente minacciato è un cane di carattere forte e la cui paura si trasformerà in aggressività, fonte di numerosi incidenti. Il 99% di questi cani morde.

Avete già visto l'atteggiamento che adotta un cane che si prepara a mordere: tiene le orecchie dritte, ringhia, alza il

Al cane che ha paura dei bambini va dimostrato con esperienze graduali che non ha nulla da temere

pelo, in modo da acquistare più volume e cercare di impressionare.

La coda può irrigidirsi come prolungamento del corpo oppure stare dritta in aria, cosa che gli permette di scoprire i suoi odori, al contrario del cane che la tiene tra le zampe. È chiaro che il cane di carattere forte non è disposto a lasciar perdere e ha intenzione di farlo capire.

Per evitare qualsiasi aggressione, il vostro cane deve padroneggiare perfettamente i principi di obbedienza, i richiami, i "Fermo" che avrete progressivamente adeguato ai tempi adattandoli ad ambienti pieni di disturbi.

Conoscere le reazioni del cane davanti a una situazione delicata vi permetterà di lavorare correttamente su questa paura, che è sempre fonte di pericolo, per farne scomparire ogni traccia. Le paure sono di vario genere: per esempio il cane può non aver paura dell'uomo ed essere terrorizzato dalla folla, può aver paura del suono di un campanello come della detonazione di un petardo.

Quando sapete come reagisce il cane a una paura o a un'altra, il lavoro è sempre lo stesso: rieducarlo, assumere fino in fondo il ruolo di punto di riferimento.

La paura dei bambini

Non credo molto ai fenomeni che non si possono spiegare. Ma se il cane ha paura dei bambini provate a eseguire l'esercizio spiegato nel box in alto, che vi permetterà di rassicurarlo.

Esercizio: non avere più paura dei bambini

- Portate il cane vicino a una scuola, non proprio davanti ai cancelli, ma a una trentina di metri.
- Trovate una panchina o un gradino e sedetevi lì.
- Chiedete al cane di fare la stessa cosa e di non muoversi. Per il fatto che vi siete seduto voi, che avete un'aria rassicurante, l'animale sarà tranquillizzato. Calma, non angosciate né stressate il cane. Copierà quel che fate voi.
- Ora i bambini escono da scuola, corrono, urlano. Il cane, a una trentina di metri da loro, non si sentirà aggredito come se stesse a due metri.
- Poco a poco, vi avvicinerete ai bambini e così gli farete prendere coscienza che non ha nulla da temere da loro.

Questo esercizio può richiedere due settimane, o due mesi, quel che conta è che lo facciate senza fretta, due o tre volte alla settimana.

Oltretutto questo esercizio deve durare cinque, dieci minuti, non di più. Ricordate che si lavora poco e spesso. Se non rispettate alla lettera queste istruzioni, rischiate di produrre l'effetto inverso: arrivato alla saturazione, il cane vedrà le sue paure confermate, vorrà fare dietrofront e tutte le conquiste ottenute e gli sforzi fatti saranno stati inutili.

La paura dell'uomo

È la stessa cosa. Portatelo in città, in posti dove passa molta gente, vie piene di animazione, all'uscita dai centri commerciali. Andate in giro per negozi, chiedetegli di stare seduto e fermo. Anche qui la vostra serenità tranquillizza l'animale in questo ambiente che gli è sempre sembrato ostile.

Se vedete che il cane diventa teso al passaggio di una certa persona, che ha paura quando gli passa vicino un motorino, agitate nella mano il famoso collare di ferro vecchio che vi è servito per insegnargli i richiami. Gli ricorderete la punizione. Il suo riflesso sarà di guardare voi,

Se il cane teme le persone, non isolatelo, ma portatelo in luoghi frequentati e dimostrategli che non c'è nessun pericolo

Se il vostro cane ha paura dei rumori, provocateli apposta per abituarlo

perché ha paura che gli gettiate quell'oggetto.

Il tempo di guardarvi e il problema è già passato. Allora il cane si renderà conto che non ha niente da temere da tutto quel che gli passa accanto, che deve temere il padrone più dell'ambiente: è una terapia di avversione. Sa che, d'ora in poi, se cerca di aggredire sarà punito. Ho avuto modo di curare alcuni cani in questa maniera. Non bisogna mai evitare il problema, ma affrontarlo con mezzi indiretti, senza ricorrere alla violenza.

La paura dei campanelli e delle detonazioni

Il modo migliore di abituare il proprio cane ai rumori rimane quello di provocarli, o addirittura di intensificarli. Un cane abituato sin da piccolo a sentire rumori diversi non avrà paura del suono di un campanello o di uno scoppio. Per esempio, vi consiglio prima possibile di far cadere delle forchette in sua presenza, di battere forte le mani, o di alzare il volume della televisione per qualche secondo, cosa che produce un effetto simile a quello di un'esplosione.

Il cane ha paura?

Usate il guinzaglio e ripetete "Fermo" finché non capisce che non ha niente da temere. La stessa cosa per i fuochi d'artificio e i petardi: potete farne scoppiare voi stessi dicendogli contemporaneamente di non muoversi. Vedendo la vostra tranquillità, il presunto pericolo diventa per lui una cosa banale.

Il cane ha paura del suono del campanello? Mettetegli il guinzaglio in modo da avere sempre un mezzo di controllo su di lui, poi chiedete a qualcuno in famiglia di uscire e suonare il campanello di casa. Quando l'animale si rizza e comincia ad abbaiare, ditegli: "Seduto, fermo".

Per i cani che hanno subito brutte esperienze legate allo scoppio di petardi, il lavoro di rieducazione sarà più complesso e più lungo.

La paura delle automobili

Anche in questo caso bisogna che il cane affronti ciò che lo terrorizza.

Vi metterete a quattro o cinque metri dal ciglio di una strada e chiederete al cane di

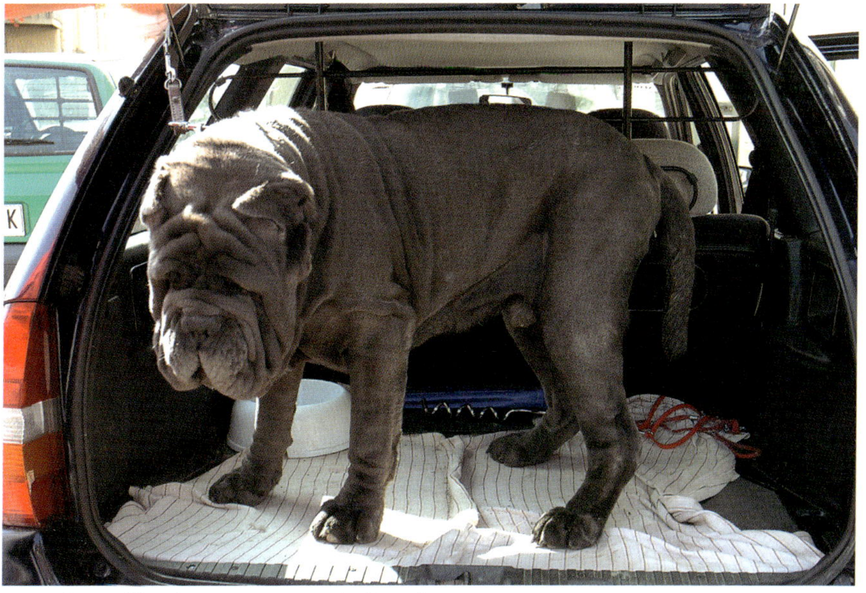

In auto si tranquillizzerà poco a poco. Deve solo abituarsi

stare fermo. Poco per volta si calmerà e capirà che se non si avvicina troppo ai veicoli, non ha nulla da temere.

La paura, statene certi, è anche purtroppo una delle conseguenze dei trattamenti crudeli inflitti dagli uomini.

Bisogna sapere che quando si bastona un cane, non solo si distrugge il suo carattere (mette la coda fra le zampe e va a nascondersi), ma il cane si incallisce fino al punto di cominciare a rendere pan per focaccia, a modo suo. Il rischio è, quindi, che a partire da una certa età il cane si ribelli, non accetti più la sottomissione e cerchi di autodifendersi.

È solo facendolo socializzare al massimo, occupandovene quotidianamente, facendogli scoprire più cose possibili che lo abituerete alla presenza dell'uomo e ai rumori che lo accompagneranno tutta la vita. Il cane è sottoposto a una gerarchia, vive in un branco. Se non vi occupate abbastanza di lui, non si sente accettato dal branco, di cui non capisce il funzionamento, perciò ne resta ai margini, sviluppando sensi di angoscia e di paura.

Timidezza o paura?

Il cane inonda la casa di gioiosissime "pipì di contentezza".

È questione di ipersensibilità. Questo fenomeno lo si osserva nei cani paurosi dalla nascita o maltrattati. Se siete soliti correggere severamente l'animale ogni volta che ha commesso una sciocchezza, lui si metterà a urinare ogni volta che tornate a casa. Torniamo alla prevenzione, che vi evita brutte sorprese come questa. Non occupatevi di lui. Ritornate dopo un quarto d'ora, quando si sarà calmato. Solo allora potrete accarezzarlo.

Come correggere i cani che abbaiano

Gli abbai sono di diverse tonalità a seconda che il cane abbai di gioia, di paura, per aggressività, per avvisare, ecc.
È evidente che non bisogna reagire allo stesso modo.

● Il cane che abbaia perché ha paura

Il cane può abbaiare perché ha paura delle persone, dei cani che incontra o dei rumori esterni. Allora abbaia, ringhia, assume atteggiamenti aggressivi in modo da impressionare quelli che egli percepisce (a torto o a ragione) come una minaccia. Se la persona se ne va, il cane dirà a se stesso che l'ha fatta fuggire. Al contrario, se gli va incontro, è il cane che fugge per salvarsi. Quindi, come avrete capito, in queste situazioni abbaiare serve solo a impressionare. Non credete nell'idea preconcetta secondo la quale i cani che non abbaiano sono quelli che si mostrano meno violenti. Anzi, tenete conto di questo comportamento: il cane che non abbaia è sicuro di sé, quindi non ha bisogno di mettersi in mostra per cercare di impressionare. Un cane che abbaia avverte il padrone. In un certo modo è come se gli dicesse: "Vieni subito alla riscossa perché arriva qualcuno, ho paura e ho bisogno di te". Un cane che non abbaia, invece, interverrà da solo.

● Il cane che abbaia al minimo rumore proveniente dall'esterno.

Il cane è pauroso. Abbaiando si sforza di rispondere al rumore e di provocarne l'allontanamento, perché ne ha paura.

Il cane può abbaiare con tonalità differenti. La reazione del padrone deve essere relativa al tipo di abbaio

Se il vostro cane reagisce alla presenza di persone calve, fategliene conoscere una e capirà che non ha nulla da temere

Altri cani abbaiano per protezione: per esempio, fanno la guardia alla proprietà e danno l'allarme al branco.
Se però pensate che il cane abbai troppo, mettetegli il guinzaglio, tiratelo e ditegli "No".

Antipatie particolari

Ad alcuni cani non piacciono le persone calve e manifestano la loro avversione abbaiando. Il loro comportamento è spesso legato a una cattiva esperienza, un trauma, che è all'origine di queste reazioni.
Il cane registra in maniera negativa uno stereotipo che lo turba e lo spinge a mostrare animosità. Questo spiega anche perché certi cani abbaino appena vedono un uomo di colore, un uomo robusto, un uomo con la barba, un uomo con il berretto o persino un uomo che cammina con le stampelle!
È stato il caso di uno dei miei cani, che avevo dovuto affidare per un periodo di tempo a un parente, non essendo in grado di occuparmene bene dopo che mi ero rotto una gamba.
Associando l'abbandono alle stampelle, il cane si era messo, al mio ritorno, ad abbaiare a tutte le persone con le stampelle che incontravamo.
Così, un cane che mostra una reale avversione per le persone calve può benissimo aver subito un cattivo trattamento da parte di una di esse. Ho conosciuto un cane che mordeva seriamente ed esclusivamente bambini di meno di dieci anni, alti circa 1,20 m, in seguito a un trauma da maltrattamento subito da parte di monelli di quell'altezza. Ogni volta che incontrava un bambino alto così, il cane faceva un confronto fra l'esperienza traumatizzante e i bambini che ne erano stati all'origine. Per lui bambino significava pericolo e scatenava quindi una reazione aggressiva.
In realtà non esistono soluzioni per risolvere un problema del genere, tranne rassicurare l'animale collaborando con una persona che ha la caratteristica che il cane rifiuta. Mostrate al cane che non ha nulla da temere da lei, sforzatevi di guadagnare la sua fiducia con carezze, giochi, ricompense.

Il cane che abbaia o raspa la porta quando lo si lascia fuori

Tenetelo fuori con il guinzaglio e tirate verso l'alto ogni volta che avrà la tendenza a comportarsi male. Ripetete l'esercizio, con fermezza, tutte le volte che sarà necessario. Se non basta, legatelo a due, tre metri dalla porta per cinque minuti, poi slegatelo. Se si comporta male di nuovo, legatelo di nuovo.

Il cane che abbaia quando qualcuno suona alla porta

È un fenomeno molto comune fra i cani che non hanno ricevuto un'educazione. Il motivo per cui il cane abbaia può essere che viene disturbato dalla vibrazione del campanello, oppure è un suo modo di avvertire il branco che arriva un estraneo. Qualsiasi sia la ragione per cui il cane abbaia, fa così solo perché nessuno gli ha mai insegnato a comportarsi bene. Questo fastidio si controlla molto facilmente. Basta mettergli il collare e il guinzaglio.

Attenzione, però! Alcuni non tollerano assolutamente che il cane abbai, cosa che mi pare un'eresia. In questo caso è meglio tenere un gatto, o meglio ancora un criceto. Stessa cosa per coloro che non vogliono vedere il loro animale saltellare per tutto l'appartamento! No. Se il cane abbaia solo dieci, quindici secondi, dovete invece

Esercizio: non abbaiare quando suona il campanello

- Andate alla porta, suonate il campanello e ditegli "Fermo".
- Appena il cane abbaia, prendete il guinzaglio, tiratelo su e il cane capirà che non bisogna abbaiare quando qualcuno suona.

congratularvi con lui perché ha fatto il suo dovere di fare la guardia. Oltre quel tempo, dovete punirlo.

I cani iperattivi

È una situazione che può diventare in breve tempo seccante, soprattutto quando siete estenuati da una lunga giornata di lavoro e tornate a casa con la testa già piena di preoccupazioni. Pensate poi alle persone anziane o semplicemente desiderose di un po' di tranquillità; ma il cane se ne infischia! Tutto quello che vuole è giocare e fare il matto.
Mostrategli, ancora una volta, che siete voi il padrone di casa! Il cane spesso ha bisogno di imparare a calmarsi, ecco perché vi consiglio di tenerlo isolato regolarmente in un angolo dell'appartamento, legandolo lì, in cucina, per esempio, con il guinzaglio bloccato alla porta.
In questa maniera lo obbligate a calmarsi anche se la sua condotta è stata irreprensibile.
Infatti, anche se il cane non ha fatto sciocchezze, conviene calmarlo quando è eccitato. Ordinategli di tornare alla sua cesta e restarvi: lì sarà del tutto calmo, perché si sente al sicuro. Anche in questo caso si tratta di anticipare eventuali danni.
Non aspettate l'ultimo momento per affrontare di petto i problemi, che, se aspettate troppo, vi sembreranno presto insormontabili. Infine, sappiate che un cane nervoso, spesso eccitato, è anche un cane che non va fuori abbastanza, che non fa sufficiente attività fisica e che vuol farvelo sapere. Rispettate i vostri doveri!

Il cane si sfrega sulle gambe degli ospiti

Anche se si procurano piacere a stimolare le loro zone erogene, cosa che rivela il loro istinto selvaggio, non lasciateglielo fare! È un atto sessuale su cui non potete transigere. Questo comportamento è permesso solo con i suoi simili e il cane deve capire la differenza fra loro e gli umani che lo circondano, che sono il suo padrone, i membri del nuovo branco e poi gli estranei.

Il cane che tende a mordere

Questo è un fatto grave. E se non vi siete mai confrontati con il dramma di essere stati

Questa è forse la cattiva abitudine che mette più in imbarazzo qualunque padrone: correggetela!

morsi da un cane, è perché siete fortunati. Ormai non conto più le volte che mi hanno portato cani che avevano l'abitudine di mordere, chiedendomi di correggere il loro comportamento. Purtroppo i padroni non avevano provveduto nel momento in cui avrebbero dovuto perché non si erano resi conto della gravità della situazione. Il cane morde per varie ragioni.

■ La prima deriva direttamente dall'aggressività, detta istinto predatorio: il cane caccia una preda generalmente in movimento. È quello che succede in paesi come l'India con i cani che non sono stati socializzati e hanno vissuto chiusi. Se il cane evade, può prendere l'uomo per una preda animale.

■ Secondo caso: la rivalità gerarchica. Il cane vi domina o cerca di farlo, e ciò dà luogo a un conflitto di interessi per la "presa di potere" che può arrivare persino al morso. Può essere la ciotola, il divano o un osso, per il cane qualsiasi cosa diventa una posta in gioco simbolica dell'affermazione del suo dominio.

■ La terza ragione per cui il cane morde è l'aggressività che fa seguito a una sofferenza fisica. Il cane morde perché è addolorato. Ve ne renderete presto conto con un cane che non ha mai avuto problemi e che, da un giorno all'altro, mostra le zanne quando lo si vuole accarezzare. In questo caso non dovete perdere tempo: portatelo subito dal veterinario.

L'aggressività per irritazione può comparire anche quando l'animale non ha avuto abba-

Un cane rinchiuso per larga parte della giornata potrebbe diventare aggressivo

Il cane si sente guardiano del suo territorio, e morderà qualsiasi intruso

stanza da mangiare. Saranno necessari parecchi giorni per ristabilire il suo equilibrio.

■ L'ultima ragione per cui un cane può diventare aggressivo e mordere, è in risposta a un'intrusione nel territorio che considera suo e di cui è il guardiano. Qui si ritrova potenzialmente il comportamento del cane da guardia. A seconda dell'atteggiamento della persona, il cane morderà o no. I morsi di questo genere dipendono dalla cattiva socializzazione del cane, che è diventato pauroso.

Alcune persone pensano che, a causa della loro mansione, sia meglio evitare che i cani da guardia abbiano rapporti con la gente. È un grave errore. È esattamente ciò che rende il cane pauroso e quindi pericoloso. Il cane che ha una socievolezza normale, invece, farà il suo lavoro riuscendo a distinguere fra un amico e un estraneo. Inoltre non è raro sentir confessare i padroni che negli ultimi diciotto mesi il cane ha morso tre volte, anche se "non è nel suo carattere". Belle parole! E bella la maniera di schivare il problema e di esentarsi dal rimettersi in discussione! Presto si compiaceranno anche che il loro cane ha morso solo superficialmente, e non in maniera grave! Aprite gli occhi: un cane che morde è un cane pericoloso. E un cane che morde è, nel 99% dei casi, un cane che ha paura. Non è così grave quando il cane ne è cosciente e i tre quarti delle grattatine, carezze a ripetizione e altri incoraggiamenti inutili del padrone sono all'origine di questa paura. Si può ancora correggere. L'ho detto e lo ripeto: non state tutta la giornata addosso al vostro cane, a coccolarlo, riempirlo di attenzioni, perché così perdete il ruolo di padrone. L'animale osserverà le vostre debolezze e saprà approfittarne prendendo, senza che ve ne rendiate conto, il vostro posto di capo. Il cane vi deve temere, ecco perché, qualsiasi problema insorga, vi dovete aspettare che vi lanci un'occhiata indagatrice. È l'occhiata che dovete cercare quando fate lavorare il cane, poi tutte le volte che si presenta un ostacolo quando siete a fare una passeggiata con lui.

Addestramento all'attacco

L'aggressione

L'aggressione consiste in tre tappe:

1. l'intimidazione: il cane si irrita e si irrigidisce ringhiando;
2. il cane attacca;
3. il cane lecca, che non è affatto un modo di farsi perdonare, ma anzi, serve a tranquillizzarsi.

Se avete autorità sul cane, avrà fiducia in voi e vi guarderà prima di agire: aspetterà sempre la vostra approvazione prima di fare qualunque cosa. Nel caso in cui vi mostriate troppo indulgente con lui (fa una sciocchezza, lo rimandate al suo posto, lui vi guarda con gli occhi tristi e voi finite per coccolarlo), il cane avrà sempre paura e non solleciterà mai la vostra protezione nel caso si presenti un problema. Si difenderà sempre da solo. Sappiate che un cane che ha paura non fa la guardia a casa vostra, fa la guardia a se stesso. Un cane sicuro di sé fa la guardia al suo territorio. Se il padrone spinge il cancello, sta fermo lì. Il cane pauroso, invece, abbaia dietro al cancello poi, quando il padrone lo apre e entra, fugge via nel giardino. Pensate sempre all'occhiata che, nella psicologia canina, si interpreta con: "Attacco o no?".

L'uso delle mani per correggere il cane

Ho già trattato questo argomento parlando delle diverse fasi dell'educazione del cucciolo, ma è un tema che va ripreso perché riguarda un cane adulto. D'altra parte è una domanda che mi hanno fatto tanto spesso che ne deduco una cosa: la maggior parte delle persone non sa a che santo votarsi quando si tratta di abbordare il capitolo della punizione.

Per quel che riguarda la "botta" data col giornale, è falso. È un'idea preconcetta, una vecchia leggenda che si tramanda negli anni e che non ha alcun senso. Se dovete picchiare il cane, fatelo con la mano.

Il cane va preso per la collottola soltanto quando è cucciolo

Un cane non va a cercare un bastone se vuol picchiare un altro cane! Sceglie il suo modo di espressione, che è la bocca. Quindi fatelo anche voi con le mani, anche se, ripeto ancora una volta, consiglio più di "lavorare" col guinzaglio.
Seguite i miei consigli e non vi troverete mai nella condizione di dover picchiare il cane.
Il guinzaglio è lo strumento più efficace per la sua educazione, perché lui non si aspetta mai che lo tiriate verso l'alto. Ed è proprio la sorpresa che lo farà reagire.

Per un cane perdere l'attenzione del padrone è già una punizione efficace

Prendere il cane per la pelle del collo?

Finché è un cucciolo non ci sono problemi, anzi è consigliabile, perché sua mamma ha agito nello stesso modo con lui.
Al contrario, guardatevi bene dal continuare così quando il cane cresce. Creereste un conflitto e rischiereste di farvi mordere.
Non dimenticate che siete un animale a due zampe, che lo domina con la sua altezza. Quando afferrate il cane, tutta la vostra mole scende su di lui. Allora o si sdraierà per terra per paura o si ribellerà perché si sente aggredito.

Punire il cane isolandolo

Tenere chiuso il cane in cucina o in bagno non servirà a risolvere il problema: il cane troverà sempre qualcosa su cui sfogare i nervi. Consiglio invece di assegnargli uno spazio e di legarvelo in modo da proibirgli di andare in qualsiasi altra parte della casa. Trovategli un posto (garage, lavanderia) dove non va di solito, e questo rafforzerà la punizione.
Mettetegli un guinzaglio di ferro vecchio che gli impedisca di mangiare. In questo modo l'obbligate a calmarsi e il cane comincia a capire che non può fare quel che vuole. Ma sappiate che l'ideale rimane legare il cane prima che commetta la sciocchezza, piuttosto che dopo. Pensateci bene...
Per finire, niente vi impedisce di lasciare che il cane compia le sue evoluzioni nell'appartamento e di ignorarlo completamente. È un genere di punizione molto sgradevole per l'animale!

I rimorsi dopo aver punito il cane

Qualunque sia il metodo di punizione che usate, non abbiate rimorsi. Il messaggio deve essere assimilato chiaramente da tutti i componenti della famiglia e soprattutto dai bambini, troppo spesso propensi a colpevolizzarsi e lasciarsi intenerire dal cagnolino "maltrattato". Se lo consolate, tutto il lavoro sarà da rifare. Fate piuttosto in modo che non sia sempre la stessa persona a sgridare o punire l'animale. Pensate che, altrimenti, il capitale affettivo del cane nei riguardi del padrone diminuirà per forza fino a ridursi a zero.

Conclusione

Eccoci arrivati in fondo a questo breve viaggio che dovrebbe aiutarvi a vivere in perfetta armonia con il vostro cane.

Applicare coscienziosamente i miei consigli vi porterà via solo poco tempo e vi darà in cambio molte soddisfazioni e serenità. Parecchi problemi si possono risolvere, ma è meglio cominciare il rapporto cane/padrone su buone basi piuttosto che ritrovarsi poi a viverlo con difficoltà.

Dare una buona educazione al cucciolo o al cane è di fondamentale importanza. Il cane vive in branco. La vostra famiglia è il suo branco. Bisogna instaurare una scala gerarchica: ciò vi aiuterà a educarlo.

Se siete pronti a rimettervi in discussione regolarmente, il cane sarà pronto a fare quello che desiderate. Non chiede altro che capirvi, nonostante la difficoltà che ciò rappresenta per lui.

Educazione non vuol dire autoritarismo. L'educazione deve essere collegata al piacere, al gioco, alle carezze, ma anche al rigore e alla tenacia.

Se il vostro cane ha disturbi di comportamento, è perché non gli date una buona educazione: non vi siete fatti capire bene. L'incomprensione, da una parte e dall'altra, può causare molte difficoltà. Prima di lasciarvi, ci tengo a ringraziare tutti i veterinari che, da circa quindici anni, mi accordano la loro fiducia. Un grande grazie ai rifugi, per il lavoro che fanno. Troppi cani vengono abbandonati per leggerezza, rinuncia, sin dai primi problemi che danno, da padroni incompetenti e incoscienti. E per fortuna ci sono i rifugi a prendersi carico dei cani sfortunati.

Se l'educazione diventasse un'abitudine, ci sarebbero molti meno padroni frustrati e cani abbandonati.

Siti web

A completamento del volume riportiamo alcuni indirizzi di siti web italiani sui cani in cui potrete trovare informazioni utili, le soluzioni ad alcuni problemi relativi ai cani oltre a indirizzi di allevatori, addestratori...

www.enci.it (sito ufficiale dell'ENCI - Ente Nazionale della Cinofilia Italiana)

www.dallapartedelcane.it (informazioni, educazione, legislatura italiana sui cani)

www.tuttocane.it (informazioni e consigli per chi possiede un cane)

www.cani.com (schede di più di 300 razze canine e indirizzi di allevatori)

www.cani.net (è il maggior sito italiano dedicato al mondo dei cani e riporta anche un database di tutti gli allevatori italiani)

www.enpa.it (sito ufficiale dell'Ente Nazionale Protezione Animali)

www.istruttorecinofilo.it (tutte le informazione per diventare istruttore cinofilo)

www.informagiovani-italia.com/allevamento_ cani.htm (dedicato ai giovani che vogliono intraprendere la carriera di allevatore)

www.agraria.org (è possibile trovarvi l'atlante di tutte le razze canine)

www.canicampioni.com (dedicato ai cani di razza dei più prestigiosi allevamenti)

REFERENZE ICONOGRAFICHE

Archivio Giunti/© Gianni Balistreri/ Fotoimmagine pp. 8, 10, 14, 18a, 18b, 19, 21, 23, 25, 26, 27, 29a, 29b, 32, 33b, 34, 35, 38b, 40, 41, 42, 43, 45, 46, 47s, 47d, 48, 49, 52b, 53, 54a, 54b, 57a, 57b, 59, 65, 67a, 67b, 68, 69, 71b, 72s, 72d, 75, 76, 77, 79s, 79d, 80, 81a, 81b, 83, 84, 91, 93, 94a,94b, 95, 97, 98, 101, 106, 113, 114, 115a, 116, 119, 125, 127, 128, 129b, 131a, 131b, 132a, 134, 135, 137, 138a, 138b, 139, 141, 145b, 151, 152, 153.
Archivio Giunti/© Marco Giberti pp. 12, 28, 30, 43a, 52, 55, 64, 85, 99, 100, 102s, 102d, 103a, 103b, 105, 115, 117, 118, 120, 132b, 147, 149, 150, 154a, 154b, 155, 156, 158.
Archivio Giunti/© Paola Visintini pp. 7, 9, 11b, 13, 15, 17, 22, 24, 33a, 36, 37, 38a, 51, 63, 66, 71, 74, 82, 86, 88, 89, 98d, 113, 122, 123, 129, 136, 140, 142, 143b, 148, 157.
Archivio Giunti/© all.to di Valle Scrivia p. 90.

Cogis: © V. Grossemy p. 60; © Lefebvre p. 87; © Francais p. 96; © Hermeline p.108; © Varin p.150.
Corbis: © Tracy Morgan p. 133;
Marka/© Roberto della Vite p. 92
Tips Images: © Imagesource p. 4; © P. Wegner/Arco Images GmbH p. 78; © J. Klein -L. & Hubert M.-L./Bios p. 124

Si ringraziano gli allevatori che cortesemente hanno messo a disposizione i loro allevamenti per la realizzazione dei servizi fotografici:
Alba Boreale, American Pride Kennel, Anthrax, dell'Antica storia, Antiche Mura, Be&Be, Buchal's, Bull degli Orsi, Ca' Pajella, Cambiano, Canterana, del Cardinal Gherardo, Casa Francini, Chandigarth, Cinegeti, Comte d'Eau, Club cinofilo Torinese, Dei nobili nati, Delle acque lucenti, De la Terre Aux Loups, De Paco X-Z, Doiclaps, Ferrainetta, La Fontanella (centro cinofilo), del Gheno, Geminorum, del Gotha Gran Canyon, Grande Moro, Haragei's, Maltesi di Tiziana, Le Haras de la Vergne, Little Castle, Made in Italy, Manya, Mein Staffi, Montevento's, Nakegaro, Nisseno, Nord Ovest, Paradiso, Sacro, Samarcanda, San Filippo, Scedir, Fiume, Trailblazing, Tranensis, di Val Vezzeno, Valle Scrivia, Villa Soldati, Viola delle lame.

PEFC™
PEFC/18-31-356
Certificato PEFC
Questo prodotto è realizzato con materia prima da foreste gestite in maniera sostenibile e da fonti controllate
www.pefc.it

Stampato presso Giunti Industrie Grafiche S.p.A.
Stabilimento di Prato, azienda certificata PEFC™